흔들리지 않고
ADHD
아이 키우기

흔들리지 않고
ADHD 아이 키우기

초판 1쇄 발행 2015년 6월 25일
초판 9쇄 발행 2024년 6월 5일

지은이 이영민
펴낸이 이지은 **펴낸곳** 팜파스
기획편집 박선희
디자인 조성미 **마케팅** 김서희, 김민경
인쇄 케이피알커뮤니케이션

출판등록 2002년 12월 30일 제 10-2536호
주소 서울특별시 마포구 어울마당로5길 18 팜파스빌딩 2층
대표전화 02-335-3681 **팩스** 02-335-3743
홈페이지 www.pampasbook.com | blog.naver.com/pampasbook
이메일 pampas@pampasbook.com

값 13,000원
ISBN 978-89-98537-99-9 (03370)

이 도서의 국립중앙도서관 출판시도서목록(CIP)은 서지정보유통지원시스템 홈페이지
(http://seoji.nl.go.kr)와 국가자료공동목록시스템(http://www.nl.go.kr/kolisnet)에서
이용하실 수 있습니다.(CIP제어번호: CIP2015015169)

흔들리지 않고
ADHD
아이 키우기

이영민 지음

팜파스

낯선 이로부터의 위로

차가운 겨울바람이 지나가면 겨우내 움츠렸던 가지들에 새순이 돋는 봄날이 된다. 봄 햇살을 맞이할 때마다 대지에 주는 그 따스함에 자연은 기운을 회복한다. 삶과 죽음이 있는 유한한 인생에서 매일의 잠이 작은 죽음이듯 봄날은 새 생명을 느끼게 하는 날이다. 그리고 우리는 삶에서 항상 봄날만 있으면 좋겠다고 바란다. 하지만 그럴 수 없는 게 인생이다. 삶에서 뜻하지 않은 장애물들을 만날 때마다 새삼 배우는 것은 삶이 내 뜻대로만 흘러가주진 않는다는 진실이다.

'내 뜻대로 되지 않은 것' 하면 부모들이 가장 먼저 떠올리게 되는 게 무엇일까?

바로 자녀다. 많은 부모가 행복을 느낄 때는 자녀가 부모의 원대로 잘 자라줄 때라고 답한다. 그러다가 부모로서 힘겨울 때도 생기는데 바로 자녀가 부모의 뜻과 달리 자라날 때다. 자녀는 부모에게 참 오묘한 존재다. '부모의 것이지만 부모의 것이 아닌 존재'로 부모에게 맡겨진다. 부모는 자녀를 소유하는 것으로 보이나 단지 청지기 역할이 부여된 셈이다. 자녀는 스스로 생존력을 가질 시기까지 부모의 끊임없는 양육과 보호가 필요하다. 미성년인 만 18세까지는 자녀에게 책임을 물을 수 없다. 자녀의 모든 과업에서 부모의 책임이 절대적인 시기라는 말이다. 그래서 부모가 된다는 것은 자녀를 키우는 과업을 넘어가는 긴 산행과 같다.

대부분의 준비된 부모라면 자녀라는 산을 기쁘게 오른다. 부모에게는 그 산이 참 맘에 들고 기분 좋은 산행이 된다. 하지만 몇몇 부모에게는 험한 바위산처럼 보이고 갈 길을 찾기 힘들며 산 너머가 잘 보이지 않는 아득한 산행이 되기도 한다.

자녀가 ADHD 진단을 받거나 비슷한 양상이 고민되는 부모들에게도 마찬가지다. 자녀를 키우다가 어려움을 만나면 마치 길을 잃고 헤매는 기분이 된다. 부모에게 이 산행은 안타깝게도 고행처럼 다가온다. 자녀의 ADHD 앞에서 부모는 '자식 일이 내 맘대로 되지 않는다'는 사실을 머리로는 이해해도 마음까지 동의하기 어려워한다. 그 진리 앞에 내 마음을 탁 하고 놔버리면 참 좋겠는데, 마음이 그리 호락호락하지 않은 것이다. 내 맘에 들지 않는 자식을 보며 마음속 깊은

데서 아우성들이 들려온다.

'왜 하필 내게 이런 일이. 내가 뭘 그리 잘못했다고. 예전에 그게 잘못이었나?'

그리고 아우성에 적절한 답을 찾으려 애쓴다. 하지만 이런 질문의 답은 소용없다. 답을 찾은들 지금 내 앞에 있는 자녀의 모습을 바꾸진 못하니 말이다. 삶은 제각기의 모습이 있고 내가 만나는 자녀라는 산에도 부모의 몫과 함께 하늘의 뜻이 담겨 있다. 각자의 삶마다 주어진 분수가 다르듯 말이다.

자신에게서 이유를 찾는 이런 마음속 아우성에 답하기를 잠시 멈춰 보려 한다. 그리고 ADHD란 산으로 다가온 자녀를 바라보려 한다. 가만히 바라본다. 이 산이 내게 무엇을 말하는지를 귀 기울여 보자. 또 자녀로 인해 내가 느끼는 마음의 고통 소리를 들어보자.

이 책을 통해 ADHD 자녀나 비슷한 증상으로 고통 받는 부모들이 함께 자녀의 산을 바라보며 산행의 고통을 나누고자 한다. 이 책에는 ADHD 자녀를 이해하거나 돕는 다양한 방법들도 포함되어 있다. 하지만 이보다 그들과 함께 살면서 느끼는 부모의 어려움이나 고통스러운 마음을 다독이고자 한다.

고통이 나만의 고통이 아니고, 이 산이 홀로 올라가는 산이 아님을 느낄 때 부모의 산행은 용기를 얻고 작은 행복을 만나는 길이 될 것이다. 부모가 먼저 웃어야 자녀도 웃게 된다. 부모가 행복하지 않으면 자녀도 행복하지 않다. 그래서 부모를 먼저 위로하고 싶다. 부모가 힘을 내어 다시 잘 일어서도록 북돋워드리고자 한다.

자연에서 불어오는 바람을 직접 몸으로 느껴보지 않는 한 그 시원함과 청명함을 정확히 표현할 길이 없듯, ADHD 자녀로 인한 부모의 고뇌를 담기에는 이 글이 한없이 짧다는 생각이 든다. 그럼에도 이 글을 쓰는 건 살면서 때론 전혀 기대하지 않은 사람에게서 받는 위로도 있기 때문이다. 나 역시 낯선 이로부터의 위로가 삶의 지친 어깨를 감싸주어 울컥했던 기억이 있다. 이 책을 통해 만나는 여러분에게 '낯선 이로부터의 위로'를 되돌려드리고 싶다.

이 책이 나오기까지 기다려주시고 함께 도움을 주신 팜파스 출판사의 둥이 엄마 박선희 에디터님과 관계자 여러분께 진심 어린 감사의 마음을 전한다.

ADHD 부모에게 그늘이 되어 쉼을 주는 책으로 쓰이길 바란다.

봄날 곤지암에서

이영민

Contents

Chapter_02

나도 모르게 아이를 대하는 행동이 달라지다

ADHD라는 잣대와 상황 앞에 불쑥 튀어나오는 부모의 행동과 생각 다잡기

Chapter_03

ADHD 부모에게도 받아들이기 위한 이해가 필요하다

새로운 '내'가 되어 우리 아이를 있는 그대로 받아들이기 위한 조언

Chapter_04

내 아이와 행복해지는 데 ADHD는 결코 걸림돌이 아니다

현실적인 문제 앞에서 ADHD 아이를 도울 수 있는 솔루션

Chapter_05

아이를 지키기 위해 내 마음을 잘 지켜야 한다

아이와 행복해지는 삶, 부모 자신을 잘 보듬고 지치지 않기 위한 마음처방전

Chapter_01

ADHD라는
말 앞에서
어쩔 줄 모르는 부모들

내 아이를 보듬을 든든한 집이 되기에는
너무도 위태로운 부모의 감정

나를 괴롭히려고
태어난 아이인가?

유난히 맑은 날로 기억된다. 창문 밖 파란 하늘이 참 좋아 보고 있던 중 갑자기 전화가 울렸다. 수화기 너머로 다급한 목소리가 들렸다. 오늘 꼭 상담을 받아야 한다며 재촉하는 목소리가 심상찮다. 가끔씩 숨넘어가듯 전화해서 갑자기 상담을 잡아달라는 어머니들이 계신다. 그럴 땐 십중팔구 학교에서 사달이 난 경우다. 선생님이나 동급생 부모들의 원성을 들을 만한 사건이 생겼나 보다.

다급해하는 어머니의 청을 늦추기가 어려워 그날 늦은 밤 어머니를 만났다. 어머니는 들어오실 때부터 신발 벗는 것도 잊고 우왕좌왕했다. 몹시 격양되어서인지 자리에 앉아서도 좌불안석이었다. 급히 기록을 마친 어머니는 불편한 눈동자로 나를 바라봤다. 기록에는 아이의 산만함, 충동 행동, 친구 불화 등을 문제들로 적어 놓으셨다.

"규식이가 2학년이군요. 그런데 규식이에게 무슨 급한 문제라도 있었나요?"

내 말이 끝나기가 무섭게 규식 엄마의 신경질적 반응이 쏟아졌다.

"전 정말 이 아이를 더 이상 어떻게 해야 할지 모르겠어요. 이젠 별일을 다 만들어요. 학교에서 얘 때문에 친구가 다쳤는데 그 부모가 아이를 처벌해달라고 했대요. 친구랑 놀다가 뭐가 또 기분 나빴는지 그냥 손이 나간 거죠. 친구를 확 밀었는데 그 친구가 넘어지면서 책상 모서리에 찧어 이마가 찢어졌나 봐요. 그쪽 부모도 상처가 크다 보니 감정이 상해서 폭대위(학교폭력과 관련된 처벌이 강화되면서 문제가 생겨 피해자 부모의 진정으로 학교폭력대책위원회가 열게 되면 아이는 생활기록부에 그 기록이 남게 된다. 일종의 빨간색 글씨처럼. 이후 진학에 불이익이 생기는 경우가 있어 부모들에게 매우 민감한 사안이다.) 이야기를 하셨고요. 담임선생님이 중재하신다며 아이 상담 받는 걸 약속받았대요. 그래서 빨리 하고 오라고 해서… 늘 이래요. 애가 하는 짓이…."

규식 엄마의 못마땅한 표정에서 나는 남 얘기를 듣는 기분이 들었다. 자신의 아이가 아닌 남의 아이를 말하는 듯한 냉담함이 느껴졌다.

"규식이에게 이런 친구 문제가 자주 있었나요? 아니면 처음 있는 일인가요?"

"그 애는 늘 이랬어요. 나를 힘들게 하려고 작정했다니까요."

오랜 갈등 때문이었을까? 규식 엄마는 아이 이름조차 달기 싫어했다. 나와의 상담에서 '그 애'가 규식이의 이름이었다.

"어릴 적에는 어떤 모습이었나요?"

"그 애는 항상 그랬어요. 먹는 것도, 자는 것도, 뭐 하나 나를 편하게 해준 적이 없는 애예요. 유치원에서도 문제였어요. 늘 싸우고 시끄럽고 정신없고, 말도 안 듣고. 그래도 이 정도는 아니었는데… 학교를 가면 철들어 나아질 줄 알았더니 더 문제만 일으키고…."

규식 엄마는 이야기할수록 분에 격해 말도 제대로 잇지 못했다. 긴장감에 상기된 눈빛은 이글거리는 눈빛으로 바뀌었다.

"어머님께서는 규식이에게 뭐가 가장 큰 문제인 거 같으세요?"

조심스레 아이의 문제를 보는 엄마의 관점을 물었다.

"그야 아이의 충동성이죠. 항상 그게 문제예요. 한시도 가만있지 못하고 돌아다니고, 남보기 남세스러워 데리고 다니기도 싫었어요. 지 뜻대로 안 되면 늘 그렇게 치는 게 문제죠. 그러지 말라 혼도 내고 때려보기도 하고, 친구들이 싫어한다고 아무리 다그쳐도 말을 안 들어요. 공부로도 매일 싸우고… 집중하라고 해도 지긋지긋하게 말을 안 들어요. 아주 날 잡아먹는 애예요. 쟤가."

규식 엄마의 긴 한탄 속에 규식이는 이미 '말 안 듣는 아이'로 굳어 있었다. 규식 엄마의 냉담한 눈동자 안에는 아이에 대한 화가 숨겨져 있었다.

"동생보다도 못해요. 동생은 착하고 말도 잘 듣는데 큰 애는 고집만

세고… 동생이 형 닮아갈까 봐 걱정이에요."

규식이는 동생에게 가려져버린 듯했다. 동생은 부모 마음에 쏙 드나 보다. 그래서인지 동생을 말하는 동안 엄마의 눈빛과 말투가 부드러워졌다. 얼마나 동생이 사랑스러운지가 전해졌다.

그렇다면 아빠는 아이 편이 되어줄까?

"아빠와 규식이와의 관계는 어떤가요?"

"아빠는 바빠서 늦게 오고 자주 만나지 못하니 그렇게 싸울 일이 많진 않죠. 휴일에 아빠가 밖으로 데리고 갔다가도, 자기 맘대로만 하는 애 때문에 재미도 없고 화만 나서 씩씩거리며 들어와 버려요. 그러니 주말이라도 제가 편하겠어요?"

규식이 아버지는 아들과의 관계도 편치 않고 규식 엄마에게도 적절한 도움이 되지 못한다.

"지금 어머니께서 원하시는 것이 무엇인가요?"

"이런 일이 생기지 않는 거죠. 충동조절 좀 했으면 좋겠어요. 담임 선생님이 암만 해도 아이가 뭔가 문제가 있는 거 같다는 거예요. 선생님은 아이가 주의도 짧고 충동도 많아 보인다고 하세요. 그건 저도 느끼고는 있었는데…. 학교에 가면 철들어서 나아지겠거니 했거든요. 그런데 아직까지 아이가 말도 안 듣고 알려줘도 못하는 게 좀 모자란가 싶어서 걱정이에요. 싸움도 많아져서 창피해 죽겠어요. 다른 부모한테서 자꾸 전화 오고. 왜 이 아이 때문에 내 인생이 이래야 되는지…."

규식 엄마는 화를 넘어 흐느끼기 시작했다. 규식이가 걱정되지만 또 한편으로는 자신도 불쌍한 삶이라고 한탄하는 듯했다.

"규식이도 나를 편히 여기지 않을 거예요. 서로 안 보고 지내는 게 속 편하다니깐요. 할머니에게라도 보냈으면 좋겠는데 학교 때문에 안 되고 빨리 방학이나 해야지…."

지쳐버린 마음 탓일까? 규식 엄마는 규식이를 곁에 두는 걸 버거워했다. 어쩌면 규식 엄마의 마음은 손가락 하나도 들 힘조차 없을 정도로 고갈된 상태는 아닐까?

초진 상담을 마무리하면서 규식이의 현재 문제를 명확히 알기 위해 필요한 심리평가와 주의력 평가를 알려드린 후 결과를 갖고 다시 뵙기로 하고 헤어졌다. 엄마의 뒷모습에 여전히 뒤엉킨 감정이 묻어나 내 마음은 꽤 무거웠다.

상담실을 찾는 부모들의 심경은 거의 바닥인 경우가 대부분이다. 규식이 엄마도 '아이보다 엄마가 더 지쳐 있다'는 것을 여러 모습으로 보여 주었다. 아이 이름도 언급하기 싫어하거나, 문제 상황을 설명하기보다 규식이 때문에 얼마나 견디기 힘든지를 토로하는 모습, 아이의 행동에 질렸다는 하소연 등에서 이미 지친 엄마의 고통을 읽을 수 있었다. 또한 동생보다 부족하고 아빠도 제 몫을 못해준다는 인상은 마치 규식이를 엄마의 어깨를 한없이 짓누르는 무거운 짐처럼 느끼게 했다.

아이보다 위급한
부모의 마음 ————

규식 엄마도 상담을 받고 싶었을 게다. 그런데 왜 빨리 해결하지 않았을까? 상담하고 싶다는 생각은 수백 번 할 수 있어도 막상 상담실까지 오는 것은 그리 간단한 과정이 아니다. 내가 처음 상담을 시작할 무렵 '왜 부모는 이렇게 곪아야만 올까? 좀 일찍 오면 더 빨리 해결될 텐데.'라는 안타까움이 있었다. 그간 연륜으로 깨닫게 된 바에 따르면 '사람은 곪을 대로 곪을 만큼의 시간이 필요하다'는 것이다. 마음의 고통이 '죽을 것 같은 아픔'에 이르렀을 때야 문제로 인식되는 경우가 많다. 그런 감정의 고통이 변화하려는 행동을 이끈다. 머리로 알아도 마음의 강렬함이 없으면 움직이지 않는다.

규식이 엄마도 마찬가지다. 규식이 엄마도 심적으로 고통이 느껴진 지 꽤 오래다. 규식이 때문에 힘들었고 어떤 문제가 있을 수도 있겠다고 직관적으로 느꼈을지 모른다. 하지만 상담소나 병원을 찾기까지는 충분히 곪을 만큼의 시간이 든다. 규식이의 학교 사건은 곪은 것을 이젠 짜내야 하는 때가 됐음을 암시한다. 어떤 방식으로든 원인을 찾고 처치해줘야 하는, 피할 수 없는 시간(timing)이 된 것이다. '죽을 것 같은 고통' 때문에 아이의 진짜 문제가 무엇인지를 대면하게 된 것이다.

초진 과정에서 보이는 규식이의 인상적 평가는 ADHD(Attention Deficit Hyperactivity Disorder 주의력 결핍 과잉행동 장애)였다. 규식이 엄마는 ADHD 자녀를 둔 부모가 지닌 고통을 고스란히 보여준다. ADHD의 주 특징인 부주의함, 충동성, 과잉행동의 모습 때문에 부모의 일상은 하루도 바람 잘 날 없다. 머릿속은 텅 비어 있는지 매일 뭔가를 잊거나 어디다 팽개쳐두고 오고, 기분 내키는 대로 말하고 행동해서 누군가의 감정을 상하게 만들고, 도무지 제어가 되지 않는지 쉬지도 않고 우당탕탕 시끄럽게 움직인다. ADHD를 이해하지 못하는 부모들이 이런 모습을 본다면 대부분 자녀를 '말을 지독히 안 듣는 아이'로 여긴다. 아이의 행동을 부모를 힘들게 하려는 '말썽'으로 보고, '일부러 나를 힘들게 한다'고 생각한다. 꾸중하면 고쳐지리라 믿었건만 아이의 행동은 여전하다. 아이를 규제할 방도가 없는 것에 부모로서 면목이 서지 않아 괴롭다. 아이를 제대로 키우지 못하고 있다는 '좌절감', 남들에게 문제행동을 하는 아이를 보고 있어야 하는 '창피함' 등 때문에 내 아이가 아니었으면 하는 마음이 생기기까지 하다. 이를 느끼면 또 부모이기에 '죄책감'이 생겨 역시 고통스럽다.

어느 샌가 아이가 부모 마음속 '미운오리 새끼'가 되어버렸다. 누구를 닮았는지 정체를 알 수도 없다. 그래서 불안하기도 하고, 싫기도 하다. 그래도 내 새끼인데 어쩌나 싶고. 이러지도 저러지도 못한 채 해결되지 않은 갈등으로 오랜 시간 괴로워하며 아이와는 앙숙이 된다. 그럼에도 섣부르게 아이가 ADHD일 거라고 생각지 못한다. 차마 거기까지 생각하고 싶지도 않은 것이다. 그래서 그냥 '좀 더 크면 성숙해지면서 자연스레 나아질 거야'라고 막연한 낙관을 꿈꾼다. 그리고 일상에서는 또다시 푸념한다. '말 안 듣는 미운 오리새끼'가 괴롭혀서 부모를 지치게 만든다고 여기며 말이다. ADHD 부모는 이렇게 괴로움의 쳇바퀴를 돌아 제자리에 머물고 있다.

ADHD 라벨링에
아이보다 부모가 더 무너지는 이유

격년으로 국가에서 해주는 건강검진일이 또 코앞에 닥쳤다. 12월이 넘어가기 전에 해야 하는데, 매번 뒤늦게 허겁지겁한다. 왜일까? 아마도 무의식중에 검사에 대한 두려움도 있겠지만 검사를 기다리는 그 초조감이 불쾌해서인 듯싶다. 무언가의 결과를 기다린다는 건 참 힘겹다. 특히 결과가 부정적일 가능성이 높을 때의 기다림은 불안하기만 하다. 검사 결과가 나오기까지 시간은 짧지만 기다리는 자에게는 결코 짧은 시간이 아니다.

어릴 적 나는 기다림의 불안을 엄마를 통해 보았다.

"엄마랑 병원 가자."

"왜요?"

"엄마 결과 들으러 가는데 그냥 혼자 가기 심심해서….."

초등생인 나를 데리고 병원에 간 엄마는 결과를 듣기 위해 대기실에서 기다렸다. 그때 무심코 본 엄마 얼굴에는 초조함을 넘어선 긴장감이 어려 있었다.

'이거 뭐지? 큰일인가?'

아주 잠깐 나의 뇌리를 스쳐간 생각을 엄마에게 묻자니 어린 나도 두려워졌다. 얼마지 않아 의사 선생님을 만나고 나온 엄마가 환하게 웃으며 내게 말했다.

"엄마 괜찮단다. 혹시 안 좋은 얘길 들을까 겁나서 너를 데려왔지."

다행히 아무 이상 없다는 답변에 환하게 웃던 엄마의 얼굴에서 대기실의 시간이 얼마나 고통이었을까 짐작할 수 있었다. 나는 지금도 대기실에서 기다리는 부모들을 보면서 엄마의 얼굴을 떠올린다. 그 초조함과 긴장된 얼굴이 오버랩되며 그들의 타는 심정이 전해지곤 한다.

나에게도 기다림의 고통이 있었다. 쉽게 잉태되지 않는 태로 인해 아이를 간절히 기다렸던 긴 시간들. 그 기간 수없이 반복되는 생리 시작일로 너무나 끔찍한 좌절감을 느꼈던 시절이다. 그래도 산부인과에 덥석 가진 못했다. 한의원이나 용하다는 여러 식이요법 등을 쫓아다니다가 거의 자포자기 심정이 극에 달했을 때 병원을 찾았다. 바로 병원으로 달려가지 못한 걸 보면 나도 스스로 뭔가 문제가 있다는 걸 아는 게 두려웠는지 모르겠다. 자포자기하는 게 몹시 자존심 상하고 아픈 일이었지만 나로서는 방법을 모르기 때문에 의사 선생님의 말씀을 순순히 따르게 되었다.

자식에게 문제가 있음을 직감해도 바로 전문가를 찾아가기 힘든 부모도 마찬가지 심정일 게다. 뜸들이듯 주저할 수밖에 없고, 그러다가 문제가 곪아터져야만 자포자기의 심정에서 누군가의 도움이나 조언을 겸허히 듣게 되나 보다. 감사하게도 나는 아이를 잉태하는 축복을 누렸기에 이런 기다림이 더 이상 고통으로 기억되지 않는다. 결과가 좋으면 그 기다림의 고통도 하나의 과정처럼 스쳐간다. 노심초사하던 마음이나 절망스러웠던 고통들도 추억이 되어 웃으며 이야기하게 된다.

하지만 결과가 좋지 않은 일은 어떠한가?

입에서도, 기억에서도 좀처럼 꺼내고 싶지 않다. 여전히 아프기 때문이다. 나는 가까운 지인이 위중한 병임을 알았을 때의 기억이 아직도 가시처럼 아프다. 진단이 확진으로 되는 순간 팔다리가 풀려 주저앉듯 마음도 내려앉았다. 앞이 제대로 보이지 않는다는 절망에 숨쉬기도 힘들었다. 죽음이라는 두려움이 주는 실존적 고민도 엄습했다. 모든 삶이 위협으로 느껴지고 어떻게 해야 할지 몰라 답답했던 순간들은 다시 떠올리고 싶지 않다.

이러한 개인적 경험들 속에서 상담실에 온 부모의 심경을 본다. 센터를 들어오면서부터 시끌벅적한 초등 2학년 재희(남). 엄마는 이런 재희가 못마땅한 듯 계속 주의를 준다.

"얘가 오늘따라 왜 이러지. 원래 이러진 않는데."

평가 앞에서 초조해진 엄마는 조금이라도 잘 보이고 싶으신지 재희의 상태를 변명한다. 평가자를 따라 입실하려 하는 재희에게 여러 번 물 마시기를 권하며, 마음을 가다듬어서 잘 치루라고 몇 번이고 당부한다. 밖에서 기다리면서도 검사실 앞을 서성거리고 귀를 쫑긋 대며 살핀다. 재희 엄마는 혹시 나쁜 결과가 나올까 봐 오늘의 나쁜 컨디션을 무척 강조하기도 했다. 이렇게 결과가 좋기를 바라는 마음이 부모의 행동에서 묻어나온다. 아무 문제가 없기를 바라는 재희 엄마의 마음이 애처로울 정도로 간절하다.

검사(체크리스트로 알아보는 소견검사 외에 정밀한 평가를 위해 실시되는 부모 평가 및 심리검사와 시ㆍ청각 주의력 평가(CAT) 검사)들을 실시하고 나면 보통 한두 주 후에 결과가 나온다. 이 결과를 기다리는 시간이 부모에게 어떠할까?

그 어떤 부모도 가볍게 검사를 치루지 않을 게다. 검사까지 왔을 때는 부모들이 느끼기에 나름 불길한 징조들(?)도 많아서 문제가 있다는 직감이 크다. 재희 엄마도 마찬가지다. 엄마를 힘들게 하는 아이의 행동들, 주변 사람들의 보고, 친구들과의 갈등 등이 끊임없이 엄마를 괴롭혔다. 그렇지만 의식으로는 아닐 거라고 여기고 위안의 여지를 찾는다. 오랜 시간 ADHD처럼 보이는 행동들을 묵인했을 때는 그만큼 피하고 싶은 마음도 크다. 재희 엄마도 초진 시에는 웬수 같은 자식이라며 힘겨움을 토로했지만 막상 검사 앞에서는 문제가 아니기를 바라는 행동들을 보였다. 내 자식에게 어떤 문제가 있다는 것을 확인받고 싶은 부모는 없을 것이다. 어쩌면 검사를 통해 ADHD는 아니라는 답을 받고 싶었는지도 모른다.

그래서일까? 검사 결과를 듣는 부모들은 대부분 눈물을 보인다. 상담 초년생 시절 부모의 이런 모습이 나를 어리둥절하게 만들었다. 부모가 먼저 자기 입으로 인정했던 모습들인데 왜 이리 힘들어할까? 마치 아이의 문제는 이미 다 알고 있다는 그 당당한 모습이 왜 이리 무너져 버릴까? 혹시 결과를 설명하는 내 태도나 방법에 문제가 있나 싶어 나를 되돌아보았다.

그런데 내가 아이를 키우면서 그 심정을 깊게 알 수 있었다. 아무리 알고 있는 내 아이의 문제라도 남이 그것을 꼭 집어 말하면 너무 아프다. 너무 속상하다. 나의 부족한 부분을 듣는 것과는 비교가 되지 않는다. 이렇게 부모의 감정은 자녀와 함께 간다.

내 아이를 키우면서 내담자에게 자녀의 문제를 설명하는 '평가결과 시간'이 참 조심스러워졌다. 초조해 보이는 내담자인가 아닌가는 중요하지 않다. 그들은 크던 작던 아이에게 결정적 문제가 있다는 사실을 듣는 것 자체가 충격이다. 이미 알고 있었다는 듯이 당당했던 부모도 결과 앞에서는 떨릴 수밖에 없다. 이를 깨달은 후부터 나는 부모가 지나치게 자기를 탓하며 괴로워하지 않도록 더욱 조심하게 된다.

평가결과 날, 남편과 함께 온 재희 엄마의 표정은 많이 굳어 있었다. 웃으려 애쓰지만 다시 무표정이 된다. 검사의 여러 내용을 알려드린 후 병리 가능성을 알려드렸다.

"ADHD일 가능성이 높네요."

길지 않은 침묵이 흐르는 동안 엄마의 당황하는 기색이 느껴진다.

'쿵'

재희 엄마의 떨리는 눈동자가 마음의 충격을 보여준다. 마음에 큰 바위가 떨어지듯 덜컹 내려앉는다.

"그렇군요."라며 정말 올 것이 왔구나 하는 얼굴로 대답한 후 얼마 있지 않아 엄마는 조금씩 울먹거렸다.

임상적으로 특정 진단을 설명해드릴 때면 나의 말이 부모의 가슴에 총이 된다. 부모들은 맥없이 무너지며 하염없이 눈물을 보이기도 한다. 재희 엄마는 '내 아이에게 ADHD라는 딱지(labeling)가 붙는구나'라는 생각에 절망스럽다고 토로했다. 설마 했는데 정말 내 아이에게 그런 딱지가 생기다니. 그 딱지가 겁나고 두렵고, 아이나 부모나 인생이 다 끝난 것처럼 느껴진다.

널뛰는 부모 감정의 폭 ————

그렇다고 결과의 시간이 모두 고통스러운 것만은 아니다. 부모가 우려한 ADHD와 유사한 모습이지만 다행히 확진할 만큼 심각한 상태가 아니거나 ADHD의 가능성이 희박하다는 결과를 접하면 부모는 걱정을 한시름 놓게 된다.

초등학교 3년 희욱이 엄마는 내 아이가 정말 ADHD일까 싶은 마음의 고통을 벌써 여러 해 안고 지내왔다. 불확실이 주는 불안은 늘 사람을 힘들게 한다. 희욱이 엄마가 유독 아이와 씨름하는 시간이 힘겨웠던 이유는 '혹시 아이에게 문제가 있는 것이면 어쩌지'라는 생각 때문이다. 이런 생각이 스멀스멀 올라오는 순간마다 부모는 불안하다.

사실 이런 불안을 이렇게 오래 안고 지내는 것은 현명하지 못하다. 해결해볼 엄두도 못낸 채 불안해하며 마냥 '괜찮아지겠지'란 생각에 두고 보는 건 경우에 따라서 부모나 아이에게 위험한 시간이 될 수 있다. 문제가 곪으면 치유의 시간도 그만큼 오래 걸리기 때문이다. 무엇보다 가족이 이런 불안을 오래 안고 지낼수록 부모의 심신은 지쳐간다. 부모의 건강치 못한 심신은 자녀에게 그대로 전달되고 관계의 악순환은 반복된다. 따라서 직감적 불안을 알아차렸다면 가능한 한 빨리 정확한 평가를 받아보는 것이 좋다.

일단 전문가의 평가를 통해 충분히 해결 가능한 문제라고 판명되면 부모도 마음이 놓인다. 문제없음이 분명해질수록 부모 마음도 안심한다. 희욱이 엄마 역시 문제에서 해방되었다는 안도감에 희욱이를 쳐다보는 눈길이 달라졌다. 희욱 엄마의 안도감은 다시 긍정적 기대를 갖고 희욱이와 상호작용하는 원동력이 되었다. 그동안 좋지 않았던 관계의 악순환을 끊는 계기가 되었다. 또한 주로 회피하던 희욱이 엄마는 좀 더 적극적으로 갈등을 해결해가려는 용기도 생겼다.

결과의 장은 충격이든 안도감이든 부모의 감정 변화가 심한 시간이다. 그리고 그 감정은 새로운 국면으로 접어드는 전환점이 된다. 안도감은 곧이어 문제를 해결하려는 노력이나 관계를 새롭게 시작할 수 있는 힘을 준다. 반면 충격은 시간이 걸린다. 그래서 치료를 바로 시작하겠다고 하지만 취소하는 경우도 적지 않다. 개인에 따라 심적 충격으로 내려앉은 가슴을 부여잡아 다시 세우기까지 얼마나 걸릴지 모른다. 치료를 권하지만 선택은 전적으로 엄마의 몫이다. 따라서 언제 치료가 시작될지, 어떤 모습으로 시작될지 예측도 불가능하다.

내 아이가 ADHD라는 것, 내가 ADHD 자녀의 부모라는 것. 부모의 마음속 고통은 본격적으로 시작된다. 재희 엄마는 친정 엄마에게도, 이웃에게도 말하기 어려운 비밀이 생겼다고 한다. 나만의 고통이라 더욱 힘겹다. 부족하지만 그 깊이를 나도 따라가본다. 숨기고픈 비밀을 간직하는 엄마의 두려움과 고독을 위로하며….

바닥을 치는
부모의 자기 효능감

살면서 사람만큼 중요한 가르침이 또 있을까? 내가 상담을 좋아하고 이 분야에서 수십 년 넘게 임할 수 있는 것도 사람을 통한 깨달음의 기쁨이 있기 때문이다. 내담자가 내게 주는 교훈은 참 귀하다. 때로는 내가 너무 쉽게 생각하거나 혹은 너무 어렵게 생각하고 있다는 것을 내담자가 내게 보여주기도 한다. 늦은 시간 함께한 P와의 상담에서도 비슷한 경험을 했다. 자기의 감정을 느끼고 표현하는 것을 어려워하는 P와 이런저런 이야기를 주고받는 도중 안타까운 마음 때문에 말이 앞섰다.

"너무 어렵게 생각 말고 자연스럽게 표현해보세요."라는 말을 하자

P는 헛웃음을 지으며 반문한다.

"선생님도 참. 자연스럽게 사는 것이 가장 어려운 거 아닌가요? 화장도 자연스런 화장법이 가장 어려운 것처럼 말이죠."

순간 한 방 먹은 기분이었다. 나름 도와주고 싶은 마음에 내뱉은, 내 말의 가벼움에 얼굴이 발그레해졌다. 자연적인 반응이 쉬웠으면 이 자리에 어렵게 앉아서 나와 이야기를 나누지도 않았을 텐데 말이다. 내담자는 힘겹게 산을 올라가려는데, 그 힘든 마음을 몰라주고 내가 어떻게 그렇게 정상에 쉽게 안착하듯이 가벼이 말할 수가 있었을까 싶다. 많은 상처로 왜곡되었기에 자연스런 감각도 느껴지지 않는 그 병리적 고통을 충분히 풀어내지도 않았는데. 빨리 해결되기를 바라는 나의 성급함으로 P의 고통을 쉽게 간과한 것이 고스란히 비춰져서 몹시 부끄러웠다.

이처럼 말은 쉬운데 그 과정이 결코 쉽지 않은 것들이 많다. 그중 내가 부모와 만났을 때 가장 많이 접하는 감정이 바로 '수용'이다. 아이의 문제를, 현 상태를, 남편의 모습을, 그리고 자신의 처지를 '받아들인다.'라는 이 한마디가 사실 얼마나 고통스러운가. 자식을 키우면서 힘든 까닭도 바로 있는 그대로의 자식을 '수용'하는 데서 오는 갈등에 있지 않나 싶다.

자녀를 키운 사람이라면 한 번쯤 하는 착각 아닌 착각이 있다. 바로 우리 아이가 정말 천재 같이 똑똑해 보인다는 거다. 아이가 한 발짝 걸음을 떼거나 말 한마디 트일 때부터 시작된 기대는 쉽게 사그라지지 않는다. 부모의 못 다 이룬 꿈을 위해서든 아이를 훌륭하게 키우고 싶은 마음에서든 부모는 기대를 충족하기 위해 물심양면으로 애쓴다. 아이가 순응적일수록 부모의 욕심은 더 강렬해진다. 그러다 자녀가 초등학생, 중학생, 고등학생이라는 계단을 하나씩 밟아 오르면서 하늘 높은 줄 모르고 치솟던 부모의 기대도 조금씩 접게 된다. 우물 안 개구리처럼 내 품에선 최고였던 아이지만 세상 속에선 그렇지만은 않음을 받아들이는 과정, 그것은 작게 접을수록 두꺼워져 다음번이 쉽지 않은 종이접기와도 같다. 천재인 줄로 알았던 내 아이가 그렇지 않다는 것을 알게 된다면 부모는 어떤 심경이겠는가? 초등 3학년 효진이 엄마는 검사결과 후 처음 부모 상담실에 뵈었을 때 많이 초췌해져 있었다. 조심스레 심경을 물었다.

"어머님, 낯빛이 많이 안 좋으시네요. 괜찮으세요?"

"지난 한 주를 어떻게 지냈는지 모르겠어요. 집에 돌아가서 밤에 자는 아이를 보니 이게 웬 날벼락인가 싶었어요. 뉴스에서 듣긴 했어도 내 아이의 이야기가 될 줄이야."하며 다시 눈시울을 적신다.

"자는 녀석을 보면 안쓰러워요. 제가 임신 중에 제대로 관리를 못해서 그런가 싶기도 하고, 잘 못 먹여서 저렇게 되었나 싶어요. 미안한 마음에 잠도 오지 않더군요."라며 흐느낀다. 얼마나 많은 시간을 그렇게 흐느꼈을까? 여전히 진정되지 않은 심정으로 내 앞에 앉은 엄마의 모습이 가련하다.

어떻게든 원인을 찾아 탓하고픈 마음,
죄책감 ————

결과를 들으면서 부모는 최초의 감정인 충격에 빠진다. 그리고 충격에서 벗어나 간신히 다시 일어서려 하면 또 다른 스트레스를 맞이한다. 집으로 돌아간 부모들은 다시 결과 리포트를 찬찬히 보면서 여러 가지를 곱씹는다. 100이면 100, 이때 부모들은 '왜 내게 이런 일이 일어났을까?'를 생각한다. 그러고는 자신의 잘못을 일부러 찾아낸다. '내가 뭔가를 잘못해서 이런 문제가 생겼을 거다'라고 단정하는 것이다. 자신의 과거사를 쥐 잡듯 찾아내어 그때의 잘못으로 마치 신이 큰 저주라도 내리는 것처럼 여긴다. '내 아이가 나 대신 희생양이 되었구나'란 생각에 미안해 어찌할 바 모른다. 효진이 엄마도 자신 때문에 아이가 그렇게 되었다는 생각으로 괴로워했다. 실상 ADHD의 경우 부모의 양육태도가 직접적 원인이 되지 않는다고 설명했지만 부모는 자신을 먼저 탓하며 죄책감에 빠진다.

이외에도 부모의 죄책감은 매일의 삶에서 오는 갈등에서 귀인되는 경우도 많다. ADHD 자녀라는 사실보다, 자녀에 대한 부모의 반응에 죄책감을 느끼는 것이다. ADHD 아이들의 까다로움, 정신없음, 충동적 말과 행동들로 부모는 끊임없이 혼을 낸다. 그래도 또 돌아서면 되풀이하는 말썽 때문에 '어디서 이렇게 말을 못 알아듣는 아이가 나왔나?' 싶고, 그런 감정이 쌓이면서 부모는 자신도 모르게 아이가 극도로 미워지는 감정을 경험하게 된다. 이런 강한 부정적 감정 때문에 부모는 아이에게 미안해진다. 화난 감정에 쏟아부은 온갖 악담과 모진 행동이 밤에 잠든 아이를 보면 떠오른다. 부모는 미안한 마음에 회개하듯 눈물짓기를 반복한다. 내 자식이기에 너무나 사랑하지만 ADHD 때문에 아이를 거부하는 것이 마음 한구석에 아리게 자리하고 있다. 사랑해야만 하는 아이가 아주 사랑스럽지 못하는 이 불편한 진실. 이러한 양가 감정이 부모의 죄책감을 더욱 부채질한다.

죄책감에 시달리는 부모 중에는 자기 탓을 너무 쉽게 시인하면서 괴로워하는 부모도 있다. 자신의 무엇을 그렇게 잘못으로 여기는지 물어보았다.

"효진이 어머님, 어머님은 도대체 어머님의 잘못이 무엇이라 생각되시나요?"

"그냥 다요. 처음부터 다 문제였어요. 아뇨…. 잘 모르겠어요. 무엇이 문제인지, 어디서부터 잘못된 것인지, 다 그냥 내 탓 같아 남편에게도 미안하고 시댁이나 친정 식구 보기도 민망해요. 저 아무한테도 말 못하고 혼자 끙끙거렸어요. 선생님을 찾아온 건 물어볼 데가 없어서예요. 그런데 선생님의 말씀을 듣는다고 제가 아이를 잘 도와줄 수 있을지 모르겠어요. 사실 전 도망가고 싶어요. 이 아이를 기를 만한 엄마가 못 되는 거 같아요."

효진이 엄마의 우왕좌왕하는 표현 속에서 엄마 역할에 대한 막연한 부담감과 함께, 양육에 대한 심한 무기력감을 보았다. 이 횡설수설하는 모습은 자녀의 ADHD에서 오는 일시적 충격일 수도 있고, 부모로서 자기 효능감이 워낙 떨어져서일 수도 있다.

그렇다고 모든 부모가 효진이 엄마처럼 자기만 탓하지는 않는다. 정반대 경우로 남을 탓하는 부모들도 있다. 초등 2학년 찬이도 ADHD 진단을 받았다. 찬이 엄마는 면담 시작부터 시댁 불만을 하나 가득 쏟아냈다.

"결국 내 아이를 이렇게 만들어 놓을 줄 알았어요. 아이를 그렇게 방치하더니. 식사든 학원이든 제대로 챙겨 보낸 적이 없어요. 매번 TV만 보여주시고, 남이 도와주는 것도 싫다 하고. 남편이 그런 부모님께 제대로 이야기도 못하더니 결국 아이만 이렇게 만들어 놨어요. 이렇게 될 줄 알았다니까요."

찬이 엄마는 마치 찬이의 이런 결과를 예견했다는 듯 문제의 주범이 누구인지를 밝히려 한다. 아마도 찬이 엄마는 시댁과의 갈등을 오래토록 겪어왔나 보다. 아이에게 문제가 생기니 화살이 시부모와 남편에게 향하는 것을 보니 말이다.

누군가의 불편한 관계가 아이 문제와 결부되었을 때 그들이 아이 문제의 원인 제공자로 여겨지기 쉽다. 남을 탓하는 것은 일종의 투사다. 내가 느끼는 불만을 남의 모습에서 찾아 화를 내는 것이다. 찬이 엄마는 스스로 아이를 제대로 돌보지 못하는 상황에서 느끼는 불만을 시어머니와 남편의 모습으로 투사시킨 것이다. 찬이 엄마는 자신이 아이를 돌보았다면 ADHD가 되도록 방치하지 않았을 거라 믿어서 아이에게 더 미안해한다. 다시 말하지만 ADHD는 누구 탓으로 생기는 것이 아니다. 물론 환경적인 요인으로 더 악화될 수는 있다. 하지만 결정적 원인이 아이 외부에 있지는 않다는 사실을 간과하면서 자꾸 죄책감에 빠지는 부모들이 많아 안타깝다.

병원 순례를 부르는
현실 거부

죄책감 외에, 자녀가 ADHD 진단을 받았을 때의 부모 반응 중 가장 많은 모습이 '거부 반응'이다. 결과 면담을 통해 자녀가 ADHD임을 알고 상담을 시작하겠다고 하지만 막상 그날이 다가오면 상담에 오지 않은 부모도 꽤 많다. 여러 이유가 있겠지만 결과 자체를 신뢰하지 못하는 부모가 있다. 이들은 일단 내 자녀가 ADHD라는 사실을 믿고 싶어하지 않다. 그래서 결과가 잘못 나왔을 거라 여긴다. 그러고는 다른 병원이나 기관을 찾아간다. 아이에 대해 좀 더 낙관적인 진단을 주거나 좋은 평을 해줄 만한 곳을 찾아다닌다. 우리는 이를 '병원(또는 기관) 순례(tour)'라고 부른다. 이들은 진단을 거부하고 다시 평가

받기를 반복한다. 그리고 원하는 답을 얻지 못했을 경우 더 베테랑 전문가가 있는 곳을 백방으로 찾아간다.

이런 내담자를 만날 때마다 곤혹스러운 점은 다른 기관에 대한 험담이나 비판을 쏟아내면서 자신의 아이를 제대로 볼 줄 모른다며 불만을 토로하는 것이다. 모두 그런 것은 아니지만 부모가 재평가를 하고 싶은 마음을 합리화하기 위해 기관의 신뢰성을 의심하고 작정하고 비난하기도 한다. 그럼 내심 '나도 또 욕을 먹겠구나' 싶어 불편해진다. 이런 내담자의 경우 자신이 듣고자 하는 방식이 아니면 기관이든 치료사든 쉽게 바꾼다. 상담 진행이 쉽지 않고 설사 진행되어도 언제든 중단될 가능성이 높다.

진단이 잘못되기를 바라는 부모의 마음이 뭐 잘못이겠나. 오진을 바라고 아이의 문제가 덜 심각하기를 바라는 부모의 마음은 어쩌면 당연하다. 그래도 어느 정도 시간이 지나면 이런 마음에서 벗어나야 하는데 그렇지 못하는 부모들이 있어 문제다. 정신과 의사 Krush(1964)는 자신의 자녀를 정상 상태로 만들어 줄 기적의 열쇠(magic key)를 찾아다니는 어떤 부모를 예로 든 적이 있는데, 그 부모는 의사 18명, 교사 4명, 종합병원 2곳, 학교 7곳을 찾아다녔다고 하였다. 극단적인 사례이긴 하지만 이에 못지않게 짧은 기간 여러 병원과 상담센터를 전전하면서 평가와 진단을 받은 부모들도 적지 않다. 기적과도 같은 방법을 찾아 여러 곳의 병원이나 기관을 순례하는 것은 부모가 현실적인 대응을 제대로 하지 못한 채 거부하는 대표적인 모습이다.

감정 조절이
점점 힘들어지고 ————

거부가 심한 부모는 자신의 자녀가 정상 아동과 다른 점이 없다고 생각하려 한다. 5학년 관식이 엄마는 늘 우울증 약을 달고 산다. ADHD인 관식이의 행동거지를 보면 속에서 불이 나서 보고 있을 수가 없다. 관식이 엄마는 관식이의 ADHD 특유 행동들을 용납하기 힘들다. 남들 앞에서 옷차림이 흐트러져 있고 말도 함부로 하는 것을 도무지 견딜 수가 없다. 그래서 관식이 엄마는 끊임없이 잔소리하며 관식이와 산만함, 부주의함 등으로 발생하는 일상의 일들로 매번 다툰다. 이를 참고 지내려니 약을 먹을 수밖에 없단다.

관식이 엄마는 ADHD인 관식이를 보려 않고 일반 아동인 관식이를 기대한다. 그래서 관식이를 있는 그대로 바라보는 게 어렵다. 다른 사람들이 알까 봐 늘 노심초사한다. 병원이나 기관에 가는 것도 극도로 꺼린다. 혹여 아는 사람이라도 만날까 봐 싫고 아이를 정말로 그렇게 대하는 게 엄마는 용납이 안 된다. 관식이 엄마는 내게 개인적으로 집에 와서 상담해줄 수 없냐고 묻곤 한다. 그러다 집에서 아이랑 부딪힐 때면 치솟는 화로 아이를 두들겨 패는 등 격한 모습이 나오기도 한다. 관식이는 그런 엄마가 무섭고 자신을 늘 부끄러워하는 엄마로 인해 무척 자신감이 떨어져 있다. 관식이는 엄마에게서 존재 자체가 부정되기에 자존감이 낮을 수밖에 없다. ADHD 문제보다 이로 인해 파생되는 2차적 문제를 심하게 앓고 있는 것이다. 부모의 거부는 자녀의 존재감에도 엄청난 영향을 준다. 관식이 엄마는 엄마대로 자신의 폭발하는 모습을 납득하기 괴로워 우울감이 더 커진다. 후회하고 다신 이러지 말자 다짐해도 또다시 반복되는 화를 주체할 수 없어서 자신도 싫다. 그런데 잘 바뀌지 않아 괴롭다.

내 탓이든 네 탓이든 죄책감에 시달리는 효진이 엄마와 찬이 엄마, 거부 반응으로 병원을 전전하거나 아이의 진단 자체를 거부하는 관식이 엄마. 이들의 모습이 극단적이긴 하지만 아이의 ADHD라는 진단 앞에서 보이는 자연스런 감정들이다. 정도의 차이지 자녀가 ADHD라는 사실 앞에서 부모들이 겪는 대부분의 감정 파도다. 그 파도가 어떤 양상인지는 부모마다 다르다. 출렁이는 파도에 배가 흔들리듯 부모 마음의 파고에 따라 심적 고통도 달라진다. 파도가 잔잔하든 험하든 배는 파도를 견디어 항해해야 한다. 부모도 심적 흔들림이 어떠하든 그 감정의 파도를 잘 통과해야 한다. 만약 부모가 감정의 파도를 이기지 못하면 아이는 더욱 심한 병리적 늪에 빠지게 된다. 험한 파도에 배가 파손되듯 말이다.

방치된 부모의 마음이
더 위급해지기 전에

나는 TV나 라디오 듣는 것을 좋아한다. 매체에서 나오는 여러 모습의 삶이 재미있다. 다큐처럼 리얼리티를 보든 드라마 같은 환타지를 보든 사람의 여러 모습을 보고 느낄 수 있어 좋다. 천태만상의 삶에서 겸허해지기도 하고 감사함도 배운다. 그래서 TV나 라디오의 사연들은 내게 귀한 삶의 선생이 되고 있다.

지금도 잘 잊히지 않은 에피소드가 하나 있다. 15년 전 지친 몸을 끌로 집으로 돌아오는 차 안에서 흘러나오는 라디오 속 사연이다. '자녀 상담 코너'였나 본데 한 엄마의 간절한 고백이 담겨 있었다. 자신의 아이가 ADHD 진단을 받은 후 힘든 심경에서 전화 상담을 신청했다는 그녀는 앞으로 어떻게 해야 할지 몰라 했다. 엄마는 답답한 심경을 토로하며 아이가 평생 그 병을 안고 살아갈 생각을 하니 미안하고 안타깝기도 하다며 결국 흐느끼고 말았다. 그 당시는 ADHD라는 병명이 사회적으로 인지되고 막 공유하는 분위기가 일어나기 시작하는 때였다. 현재는 아이들도 알 만큼 공공연한 명칭이고, 대처 지식도 많이 알려졌지만 당시에는 정보가 적어 그 엄마가 더욱 암담했을 것이다.

이 라디오 내용이 오래 뇌리에 남은 이유는 라디오를 들었던 그때 나의 모습 때문이다. 처음에 나는 엄마의 태도에 상당히 시니컬했다. 전화기 너머 흐느끼는 엄마의 안타까움이 조금 지나치다 싶었다.

'왜 ADHD 정도에 그렇게 난리지? 얼마나 심한 문제를 겪고 있는 아이들도 많은데. 정말 힘들게 아이를 돕는 부모도 얼마나 많은데 ADHD라고 눈물까지 흘리고.'

'해결책이 없는 것도 아니고, 뚜렷한 장애가 나타난 것도 아니고, 얼마든지 도울 방법도 있는데. 이 엄마가 너무 몰라서 이러지 이렇게까지 낙담할 필요가 없는데 말이야.'

나는 이런 생각들을 하고 있었는데, 불현듯 의구심이 피어났다.

'혹시 내가 너무 쉽게 생각하고 있는 걸까?'

'상담가로서 보는 ADHD와 일반 사람들이 느끼는 ADHD가 차이가 큰 것은 아닐까?'

'ADHD라는 진단에서 무엇이 이 엄마에게 이렇게 심한 고통을 주었을까?'

이때만 해도 나는 ADHD 아이를 둔 부모의 마음을 정확히 읽어내지 못했다. 나는 나름 관련 분야 책도 편역했고 일찍 아동들도 만나면서 ADHD 분야에 대해 잘 알고 있다고 자신했다. 그런데 그 마음이 자만이었음을 알게 된 것은 부모 상담을 본격적으로 하면서부터였다. 아동 중심의 상담을 할 때 나는 철저히 아동 편이었다. 아동을 대변해 주고 아동을 도와줄 부모로서 또 다른 치료자가 되기를 바라는 마음으로 부모를 대했다. 그랬기에 부모에게 기대와 요구가 늘 많았다. 젊은 혈기에 부모를 아이의 편이 되는 협력자로 이끌려고 닦달하기도 했다. 이로 인해 그런 협조가 부족한 부모를 쉽게 나무라기도 하고 원망도 많았다.

그런데 부모를 아동과 분리해서 만나는 '부모 상담'을 하면서부터 나의 눈에 덮인 허울이 벗겨졌다. 부모들이 아동을 만나는 상담가에게는 하지 않았던, 아니 말할 수 없었던 이야기들을 알게 되었다. 부모가 보는 시각과 아동 상담가의 시각이 달랐다. 우리나라 부모들은 아이를 맡은 사람들에게 매우 조심스럽다. 좀처럼 자기주장도 잘하지 않는다. 행여 아이에게 마이너스가 될까 싶어 상담자나 상담 과정에 대해 못마땅해도 표현하기를 주저한다. 거기에다 ADHD 부모로서 아이를 대하면서 느끼는 고통을 알릴 시간도 없다. 왜냐면 아동 상담가들이 부모를 만나는 시간은 짧고 그나마 있는 시간에는 부모가 어떻게 도와야 할지를 교육하기에 바쁘기 때문이다. 아동 상담 현장에서 어쩔 수 없는 부분이긴 하지만 이러니 부모가 배제될 수밖에 없다. 나도 그랬다. 부모가 아이에게 늘 밀렸다. 그래서일까. 부모가 힘들 거라는 것을 내가 보려 하지 않았나 보다. 사람은 본디 보고자 하는 면만 본다. 있는 실체를 다 보기가 어렵다. 내 마음의 눈이 무엇을 보고 있느냐로 나의 지각이 결정된다. 내 마음이 아이에게 집중되었기에 볼 수 없었던 부모를 나는 부모 상담을 시작하면서 새롭게 보게 되었다.

내 마음의 눈이 부모에게 떠지면서 나는 새로운 지각을 갖게 되었다. 부모가 아이 문제 앞에서 어떤 심경으로 서 있는지, 어떻게 그 과정을 견디는지, 도와주기가 왜 그렇게 힘든지 보이기 시작했다. 부모에게도 아이 못지않게 숨겨진 이야기가 있었다. 아이보다 훨씬 긴, 그리고 깊고 슬프기도 한 자신만의 빙산 속 이야기가 있었다. 그리고 인간의 개별성을 떠나 부모라는 위치에서 갖는 '부모 감정'도 있다. 다른 사람의 아이라면 쉽게 수용할 수 있는 것들이 나의 아이에게는 힘든, 객관적일 수 없는 '부모의 주관성'이 보이기 시작했다. 그래서 아이의 문제로 인한 부모의 고통이 상담가라는 객관적 입장과는 판이하게 다르다는 사실을 깊게 체험했다. 부모 상담을 하면서 부모의 아픔이 내 마음에도 공감되기 시작했다. 그리고 부끄럽지만 이제야 15년 전 라디오 사연 속 그 엄마의 마음에 나도 깊은 안타까움을 느낀다.

불안과 분노로
점철된 부모들 ————

ADHD 진단에 대한 초기 거부감이 감소하면서 감정의 파도를 겪는 부모들이 보이는 다음 중 하나가 '절망'이다.

"내 자식인데 안 예쁘겠어요? 하나라도 더 좋은 거 주고 싶고, 잘 되게 키워서 번듯한 아이로 만들고 싶죠. 그런데 그래야 할 내 아이가 ADHD라니. 이 사랑스런 아이에게 그런 몹쓸 라벨이 붙다니. 저는 다 끝났어요. 뭘 기대하겠어요….."

더 이상 기대할 게 없다는 부모의 마음에 가슴앓이가 이렇게 시작된다. 마음에 생기는 병 중 낙담이라는 게 얼마나 지독스러운지. 마치 늪처럼 빠지게 되는 절망의 마음은 한 영혼을 송두리째 흔든다.

부모가 느끼는 절망이란 쉽게 사라지지 않기에 나는 '가슴앓이'로 표현한다. 아이가 평생 안고 산다는 '장애'에 가까운 진단일수록 가슴앓이는 마음속 깊이 자리 잡는다. 마음의 병이 되는 경우는 대부분 밖으로 드러내기 힘든 일일 때다. 체면을 중시하는 우리 문화에서 치부를 드러내는 것은 참 어려운 일이다. 개인적이거나 가정적인 일일수록 더욱 숨긴다. 그래서 아이들의 ADHD 진단은 부모 마음속에 꼭꼭 숨겨진다.

어찌 엄마들만 숨기고 싶겠는가. 심한 우울을 겪고 있는 내담자가 약물치료를 거부하는 행동에 대해 나의 슈퍼바이저는 그 내담자가 스스로 정상이라고 느끼고 싶어서 강한 저항을 보이는 거라고 하였다. 슈퍼바이저의 해석을 들으면서 나는 갑자기 얼굴이 달아올랐다. 나도 비슷한 경험이 떠올랐기 때문이다.

시어머니의 갑작스런 부고로 죽음에 대한 공포와 함께 공황을 경험한 시기가 있었다. 물론 시어머니의 부고는 나의 잠재된 불안에 불화살이 되었을 뿐이다. 육체적, 심리적 불안, 고통은 말하기도 힘들고 무엇보다 괴로운 것은 그런 말을 하면 나를 이상하게 볼까 하는 두려움이었다. 지금은 웃으면서 말할 수 있는 여유가 생길 만큼 공황의 두려움이 사라졌다. 그래서인지 오히려 내가 그런 고통을 느꼈다는 것을 편안하게 말할 수 있다.

하지만 당시에는 가까운 사람들에게도 말하기 힘들어서 홀로 전전긍긍했다. 그렇게 나를 옭아맸던 것은 바로 불안해하는 나의 행동이 다른 사람의 눈에 평범한 사람으로 보이지 않으면 어쩌나 하는 마음이었다. 다른 사람들이 나를 지극히 문제없는 사람으로 보기를 바라는 신념이 너무 강했다. 어쩌면 스스로 내 안의 잘못과 문제를 알고 있지만 이를 남들이 알게 되면 비난받을지 모른다는 두려움 때문에 이런 신념에 더 집착했을지 모른다. '나'의 평가가 나에게 있지 않고 '타인'에게 지나치게 치우친, 낮은 자존감의 결과였다. '내가 보는 나' 보다 '다른 사람이 보는 나'가 더 중요하던 시기였다.

엄마들이 숨기고픈 마음에도 정도 차이는 있겠지만 나와 비슷한 기제가 있을 게다. 특히 부모는 자기 자녀에게 문제가 있는 것보다 남들에게 그렇게 보여지는 부분을 더 걱정한다. 한 TV 프로에서 엄마가 자기 아들의 심한 스킨십이 고민이라고 털어놓았다. 그 엄마의 고민은 스무 살 아들의 심한 스킨십이 불편한 것도 있지만 다른 사람들이 아들의 그런 행동을 보고 애정결핍이나 마마보이로 여기는 것 같아서 더 싫다고 했다. '엄마이기에 내 자식을 다른 사람이 나쁘게 보는 것이 너무나 싫다'는 그분의 고백은 부모라면 모두 공감하는 말이다. 그래서 종종 ADHD 진단을 받은 엄마들 중에는 차라리 다른 진단이었으면 좋겠다고 말하는 이들도 있다. ADHD 아이들의 문제 행동은 모든 사람들에게 드러나는 모습이라 너무 견디기 힘들다며 말이다. 남들이 내 자식을 쉽게 문제아로 판단해버릴 수 있기 때문에 너무나 괴롭다는 것이다.

힘든 미래가 될 거라는 막연한 불안감 ————

부모가 절망하는 이유는 '남이 흠 있는 아이로 보는 게 싫기' 때문도 있지만 미래에 대한 기대가 좌절되기 때문도 있다. ADHD가 아이 삶에 불행의 씨앗이 될 거라고 예견하며 미래를 꿈꿀 수 없다는 기분에서 절망을 경험한다. 실상 ADHD 지식도 충분치 않은 상태에서 뭔가 힘든 미래가 될 것이라는 막연한 불안감에 부모는 괴로워한다. 특히

ADHD로 인해 학업이 되지 않을 경우 진학과 직장에서 경쟁력을 잃을 것을 몹시 불안해한다.

5학년 호세 엄마는 심한 우울을 호소한다. 자기 집안에 호세 같은 아이가 없어 양가를 볼 낯이 없단다. 특히 시어머니가 동서네랑 비교해서 호세를 뭐라 할 때마다 자기 탓처럼 하는 것이 너무 싫었는데 ADHD 진단까지 받으면 호세랑 자기를 더 얕볼 거 같아 견딜 수 없단다. 사촌들은 좋은 중·고등학교 진학했는데 호세만 학업도 제대로 못하고 있다는 현실이 견디기 힘들다고 했다. 앞으로의 모습을 생각하면 너무 끔찍하단다. 가족 모임도 가고 싶지 않은데 그럴 수도 없고, 가서 또 이상한 행동으로 호세 문제가 들키면 어쩌나 싶어 예민해진다. 남편에게도 일일이 말하기 조심스럽다. 호세 엄마는 호세의 ADHD가 너무나 창피하고 그런 호세가 아들인 것이 화가 나서 폭발하는 일이 자주 있단다. 아이가 자기 구실은 제대로 하고 살지도 걱정이고, 대학이라도 이상하게 가면 양가 식구들에게 뵐 면목이 없단다.

호세 엄마가 더욱 절망하는 점은 지금도 힘든 호세가 앞으로도 자기를 힘들게 할 것이 너무 끔찍하다는 것이다. 호세 엄마는 끝나지 않은 과제가 목을 조이는 것 같다고 한다. 그래서 우울하고 반복적인 화가 폭발하고 있었다.

호세 엄마가 힘들어하는 것이 좀 과한 모습이긴 하지만 일반적으로 ADHD 자녀를 둔 부모가 느끼는 절망감과 비슷하다. 호세 엄마는 남편에게도, 시댁에게도, 친정에게도 말할 수 없어 감정의 파도를 더 심하게 겪는다. 호세 엄마 정도는 아니지만 대부분의 ADHD 자녀 부모들도 다른 사람들의 시선 앞에서 비슷한 경험을 한다. 미래가 어떻게 될지 모른다는 불확실함이 더욱 암담한 그림으로 그려지면서 불안이 더 강해진다. 여기에 매일 부딪히는 ADHD의 문제 행동은 부모에게 좌절을 주어 절망의 깊이를 더한다.

속은 이러한데 밖으로는 '아무렇지 않다'고 말하고 다니는 모습에서 오는 이중성이 부모의 가슴앓이를 더 고통스럽게 만든다. 사람을 미치도록 힘들게 하는 것은 내가 느끼는 것을 그대로 표현하지 못하는 것이다. 무엇을 느끼는지 규명하기도 힘든 것도, 느낌을 알아차려도 그것을 남에게 알릴 수 없을 때도 모두 고통스럽다. 내 자녀의 ADHD 문제를 남에게 알리고 싶지 않은 금기로, 내 성 안에 가두게 되면 점점 벽이 두꺼워지고 높아진다. 성 안의 비밀이 알려질까 노심초사하느라 겉의 행동도 점차 자연스러움을 잃어간다. 보이는 면과 보이지 않은 면의 불일치가 심해질수록 심리적 고충도 더 커지고 병리성으로 빠질 위험이 많다. 호세 엄마처럼 깊은 우울에 갇히게 된다. 이중성을 벗어야 한다는 인식, 그것을 대면하여 싸우는 용기, 투쟁으로까지 이끌기가 그리 녹녹하진 않다. 그래도 엄마까지 병들게 할 순 없다. 막아야 한다. 그래서 부모가 아이의 ADHD 진단으로 자신이 더 위기라고 감지한다면, 쉽게 말해 내가 더 미칠 것 같은 혼돈감을 느낀다면 주저 없이 부모 상담에 참여해야 한다.

그래서 나는 주변 사람들에게 알리기를 힘들어하는 부모일수록 상담을 권한다. 안전하게 나의 속을 비춰낼 수 있는 상대를 만나는 것이 무엇보다 중요하다. 말하기 힘들다고 느낄수록 이야기 상대는 실상 더 필요하다. 실제로 잴 수는 없지만 문제를 말로 드러내면 그 문제로 인한 심리적 무게가 훨씬 감해지는 경우가 많다. 만약 상담자를 찾기가 쉽지 않다면 나의 이야기에 귀 기울여줄 지인을 찾아도 좋다. 답을 줄 사람이 아닌 내 얘기를 그냥 잘 들어줄 사람을 찾아보라. 힘들수록 이야기 상대를 찾자. 아무리 찾아도 답답한 속내를 나눌 지인을 못 찾겠다면 내게 이메일이나 편지를 보내도 좋다. 절망감의 늪에서 잡고자 하는 한 가닥의 밧줄이라도 될 수 있다면 기꺼이 되고 싶다. 혼자 가슴앓이로 늪의 수렁 속으로 빠지지 말고 손을 내밀기를 바란다.

🌿 낮은 나를 위로하는 마음으로

어느 날 갑자기
자연재해로 삶의 터전이 흔들거리기도 하고,
뜻밖의 사고로 다치기도 하고,
우연히 심각한 병을 발견하기도 하고,
믿었던 사람에게 결별 통보를 받기도 하고,
크고 작은 재난이 삶 속에 예기치 않는 모습으로 존재한다.

내 아이가 ADHD라는 진단도
부모에게 갑작스레 닥친 재앙 혹은 재난 같다.
부모가 꿈꾸던 것을 잃어버렸다는 기분,
다시 찾기 힘들다는 기분에서 오는 슬픔의 긴 시간이 시작된다.
이것이 애도의 정결의식이다.
내가 생각했던 아이와 이별해야 한다.

하지만 한 아이의 부모로서 가진 자존심이
쉽게 이별을 인정하지 않는다.
그래서 감정의 골짜기를 지나게 된다.
괴로움에서 충격으로, 거부로, 분노와 절망감으로 이어지는….

결국 감정의 긴 파고 끝에 만나게 되는 것은
부모의 자존심을 다 벗어던진
'낮은 나의 모습'이다.
진정한 애도는 낮아진 나를 위로하면서부터다.
잃어버리고, 돌아올 수 없는 것에 대한
안타까움을 느끼는 부모 자신을 토닥인다.

내 자녀가 ADHD라는 사실.
충분히 아파하자.
그리고 그 아픔을 위로해줄 사람을 만나자.
애도의 시간은 사람마다 다르다. 각자 합당한 시간이 충분히 필요하다.

이 또한 지나가리라(This too shall pass away).
시간은 약이다.
마음은 더욱 그 약이 필요하다.
마음을 급히 접으면 접힌 마음이 더 큰 상처로 올라온다.
그러니 낮은 나를 충분히 위로하자!

Chapter_02

나도 모르게
아이를 대하는 행동이
달라지다

ADHD라는 잣대와 상황 앞에 불쑥 튀어나오는
부모의 행동과 생각 다잡기

맞서 싸울 것인가,
도망갈 것인가!

　나는 사계절 속 다채로운 자연의 모습을 느끼며 산다는 게 참 행복하고 감사하다. 자연은 늘 삶의 답을 알려주고 지혜를 주곤 한다. 시시로 변하는 날씨는 삶의 모습과 참 비슷하다. 맑은 날처럼 기분 좋게 질주하듯 생활하는 때도 있지만 폭풍우와 짙은 연무처럼 삶의 길을 잃는 기분에 빠지는 시기도 있다. 그러다 다시 만나는 비온 뒤의 날은 쾌청하기 그지없다. 거친 비로 씻긴 거리는 투명하고, 파란 하늘 속 구름들은 더욱 하얗게 보인다.

　부모의 마음도 이렇게 날씨와 같다. 어떤 날은 맑은 날처럼 긍정적이고 잘될 거 같아 희망차거나, 안개 낀 날처럼 헤매고 혼돈스러운 때도 있고, 또 어떤 날은 비오는 날처럼 잔뜩 우울해진다. ADHD를 진단 받은 부모의 마음은 갑작스런 태풍이 온 날일 수 있다. 물론 부모마다 반응 양상도 시간도 다르다. 하지만 마음의 격동은 피할 수 없다.

태풍이 지나간 자리에 여러 피해가 남듯 부모 마음도 상처가 생긴다. 상처를 억지로 떼어내려면 더 깊은 상처가 생긴다. 요리를 해본 사람이라면 누구나 그런 경험이 있을 것이다. 프라이팬에 눌러 붙은 찌꺼기를 떼어낼 때 급하게 하면 원치 않게 긁힌 자국을 만들게 된다. 충분히 물에 불리면 쉽게 떼어지는 것을. 그릇의 긁힌 자국이 내 감정 속 앙금 같다. 빨리 감정을 해결하려다 오히려 더 깊은 마음의 상처를 남긴다. 속상한 일에 대한 감정이 충분히 의식 수준으로 올라와야 그 감정에서 잘 헤어 나오게 된다.

1장에서 ADHD를 진단 받은 자녀로 인한 부모의 감정 반응 과정을 살펴본 것도 그 이유에서다. 그 불쾌하고 속상한 감정을 충분히 지나야 오히려 감정에서 매이는 일이 적기 때문이다. 너무 빨리 '괜찮아'라며 급하게 다독이는 것도 결코 감정에는 좋은 게 아니다. 감정이란 녀석은 그리 만만하지도, 간단하게 해결되지도 않기 때문이다.

이런 감정의 격동기 동안 부모는 어떻게 모습을 보일까? 다시 말해 어떤 대응을 할까(act)? 동물은 본능적으로 위험한 상황에서 두 가지 대처행동을 한다. 하나는 싸우기, 또 다른 하나는 도망가기다. 죽기 살기로 직접 싸우든가 아니면 죽어라고 도망가는 것이다. 이 두 방식은 동물적 방식이다. 사람은 이러한 일차원적 방법 외에도 다른 방법을 강구할 수 있다. 이성이 있기에 가능하다. 그럼에도 이 두 반응에 머무르는 부모들이 있다. ADHD 부모들이 대개 진단 후 이 두 반응을 보인다. 특히 자신의 감정이 제대로 해결되지 않은 상태에서 이러한 모습이 나타난다.

도망갈 것인가? ————

해결되지 않은 감정에서 나올 수 있는 행동을 나의 과거에서도 찾아볼 수 있다. 사람은 위기 상황에서 그 사람의 진 모습을 보게 되곤한다. 위기에서 어떤 모습을 보이는지를 보면서 나도 잘 몰랐던 '나'를 새롭게 알아가기도 한다. 내 삶에서 실패를 떠올린다면 대학원 석사논문 때로 돌아간다. 모두 논문을 손쉽게 통과하던 시기인 만큼 내 논문이 통과되지 않은 게 나는 무척 충격이었다. 당시 대학원을 다니는 사람들이 그리 많지 않던 시기라 잘 모르는 주변 분들은 다시 쓰면 되고, 학사만 잘 나오면 됐지 그깟 논문까지 다 써야 하냐는 분도 있었다. 사회적 분위기는 내게 논문 실패에 대해 그리 큰 압박을 주진 않았지만 나는 매우 창피했다. 더 이상 학교 쪽으로 고개도, 발길도 돌리고 싶지 않았다. 그래서 학교와는 담을 쌓기 시작했다. 다시 써보라는 교수님이나 친구, 선배들의 말도 들리지 않았다. 그 대신 나는 벗어나고자 새로운 일을 찾았고 그것이 바로 지금의 상담이다. '내 삶에

석사 학위가 없다고 뭐 그리 큰일이겠나?'며 난 실패를 대수롭지 않게 여겼다. 아니 철저히 외면했다. 20년이 넘은 지금 시대가 바뀌면서 석사 학위가 없으면 상담에서 발도 붙이기 힘든 현실을 만나면서 그때의 외면을 깊이 통회한다.(그렇다고 현재 나의 모습을 원망하진 않는다. 나의 부족함이 원동력이 되어 글에 매진하게 되었으니 말이다.)

나는 석사 논문에 대해서는 입에 올리기도 싫었고 다시 그것을 하는 때를 생각해보려고도 하지 않았다. 그때 위기를 대처하는 나의 모습은 '도망가기'였다. 위기 상황에서 쉽게 '도망가기'를 선택하는 내 모습을 보고 나니 내 삶 구석구석에 그런 모습들이 많았음을 깨달았다. 친한 친구들과 크게 문제없이 지낸 진짜 이유에는 싸우기 싫어서 내가 도망간 일(갈등 상황을 피하는 일)이 많기 때문이었고, 어렵고 힘든 성격일 듯한 사람들을 가리면서 몸을 사리는 일도 많았다. 남들에게는 그럴 듯하게 조심스럽고 사려 깊은 모습 같지만 나의 속내는 '도망가기'에 바빴다.

'도망가기'는 순간을 모면할 수 있어 한동안은 편안하다. 하지만 근본적 문제가 해결되지 않아 언젠가는 그 문제가 수면으로 올라와 더 큰 어려움을 준다. 도망가기는 시간만 끌 뿐이다. 결국은 내가 더 손해를 입게 되는 선택이다. 근본적 문제가 해결되지 않은 채 문제가 반복되어 나를 더 힘들게 할 때도 생기니 말이다.

그런데 ADHD 부모들 중에서 나처럼 '도망가기'를 선택하는 부모가 있다. 어렵게 문을 두드리고는 진단을 듣자 더 이상 문턱을 넘지 못하는 분들이다. 심적으로 힘든 과정은 있을 수 있지만 혼돈의 시간이 너무 길다. 결국 아이를 위해 별다른 도움을 주지 못한다.

유치원생 종훈이 엄마는 ADHD 진단 이후 대안학교로 아이를 입학시키기로 마음먹었다. 종훈이 엄마는 종훈이가 일반 학교에서 ADHD로 인해 혹시 놀림을 받거나 문제아로 친구들이나 담임선생님에게 낙인찍힐까 봐 일반 학교를 거부했다. 학교에서는 내 아이를 제대로 이해해주지 않을 것 같고 대안학교는 유치원처럼 아이를 잘 보살펴줄 거라는 기대를 한 것이다. 대안학교가 나쁜 것은 아니지만 부모가 대안학교를 선택하는 진짜 이유는 잘 살펴봐야 한다. 종훈이 엄마는 종훈이가 ADHD임을 인정하기를 괴로워했다. 치료도 짧은 기간만 유지되었고 부모 상담도 거부했다. 종훈이 엄마는 다른 사람과 협조적 상황에서 객관적으로 자녀를 보기 힘들어했다. 자신의 원하는 방식에 안주하고 숨어 지냈다. 그래서 치료 중단도 일방적이었고 대안학교의 결정도 모두 끝난 뒤 통보되었다.

자, 자신의 방법을 고수하는 것을 왜 '도망가기'로 보는 걸까? 자녀의 문제를 있는 그대로의 문제로 보기 힘들어하기 때문이다. 그래서 자신의 방법이 자녀를 돕는 길이라는 독단적 생각에 갇힌 것이다. '도망하기'는 일순간의 고통은 피할 수 있지만 궁극적으로 해결되는 건 아니다. 문제는 다시 떠오를 것이고 그때는 더 복잡해진다. 도망하기는 회피 모드(mode)의 감정에서 많이 나타난다. 사람에 대한 불신도 많고 자녀에게 위협적이라고 느끼기에 대안학교를 택한 것이다. 그곳은 부모의 방식으로 맞춰줄 거라 기대하기 때문에 말이다. 종훈이 엄마는 과잉보호라는 울타리 안으로 도망가기를 선택한 것이다.

회피 양상의 또 다른 모습으로 바우처 기관에서 자주 목격되는 부모들의 '무관심'이 있다. 학교 검사를 통해 ADHD 결과를 받고 의무적으로 치료를 시작한 부모가 대부분 이 케이스다. 자녀를 방치하듯 기관에 맡기고 정작 자신은 나타나지 않는다. 자녀에게 필요한 치료를 따르기는 하지만 부모가 전혀 개입하지 않는다. 그래서 치료사나 상담가 면담에도 거의 참여하지 않는다. 아이를 치료사에게 던져놓고 부모는 도망간다. 자녀에 대한 기대도 없고 부모 자신을 괴롭히지 않기를 바라는 마음뿐이다. 이들은 내 자녀로 인식하고 싶지 않기에 아예 거리를 두고 동굴로 도망가기를 선택한 부모이다. 그만큼 부모도 상처를 쉽게 입기 때문일 게다.

싸울 것인가? ————

도망가기(회피)의 정반대의 모습은 '싸우기'다. 동물이 천적을 만나면 오히려 저돌적으로 돌격해서 싸울 수 있다. 쉽게 싸우기 행동 방식으로 가는 사람들은 흔히 쌈닭처럼 보인다. 자신의 생각이나 감정에 지나치게 충실하다 보니 자신에 반하는 사람들의 의견이나 행동에 쉽게 싸움을 걸거나 그런 말이 나간다. 직언도 많고 공격적 행위도 많다.

싸우기를 선택하는 부모는 자녀가 ADHD라고 진단되었을 때 비교적 쉽게 자녀의 ADHD를 인정한다. 그런데 자녀가 완치되거나 변화할 것을 기대한다. 그래서 ADHD 자녀가 생활이든 학습이든 온전히 또래와 비슷한 모습이 되는 것에 강한 집착이 있다. 초등학교 2학년 수아 엄마는 수아의 학습태도나 생활 때문에 미칠 것 같다는 호소를 자주 한다. 여자아이가 자기 물건을 질질 흘리고 다니거나 아침에 단정하게 해준 모습이 학교에서 올 때는 엉망이 되어 있는 걸 보면 화가 난다. 나사 빠진 아이처럼 풀어진 모습이라 아이들이나 다른 엄마들이 어떻게 생각할까 싶다고 한다. "머리 핀", "옷 바로!" 이런 소리를 입에 달고 산다. 100번 말해도 전혀 변하지 않는 아이에 질리면서도 쉽게 놓지 못해서 달달거린다. 힘겹게 애쓰는 엄마도 안타깝고 변화를 강요받는 수아도 참 안쓰러웠다.

ADHD 엄마들이 가장 오랫동안 싸우는 영역은 학습이다. 학습에 진지하지 않는 태도나 도무지 알아서 잘하지 못하는 모습 때문에 엄마들이 폭발하곤 한다. 초등학교 5학년 진혁이의 엄마는 진혁이가 방금 가르쳐준 것을 다 잊어버리고 계산에서 틀리고, 틀린 거를 다시 알려줘도 또 틀리는 것, 머리가 나쁘지도 않은데 덤벙거려 자꾸 틀리는 아이의 공부에 혈압이 오른다고 했다. 그러다 견딜 수 없는 화로 결국 아이에게 매를 들거나 거친 욕설로 막장으로 간다고 한다.

이 부모들이 보이는 모습이 왜 문제인가 싶을 수 있다. 부모라면 자녀에게 올바른 생활태도나 자세, 학습 등을 가르쳐주는 것이 당연하니 말이다. 그리고 이렇게 적극적으로 자녀의 여러 문제를 해결하려 애쓰는데 무엇이 문제인가 싶을 게다. 하지만 이들의 문제는 근본적으로 자녀가 ADHD임을 인정하지 않고 이러한 문제를 접근한다는 것에 있다. 일반적이지 않은 아이를 무조건 일반 아동처럼 대하고 가르치려 하니 문제는 해결되지 않아 부모는 속상하고, ADHD 자녀 또한 해결되지 않는 문제를 보면서 '나는 정말 문제아인가 보다'라며 '부정적인 나'로 자각하게 된다. 이런 행동을 일으키는 감정은 집착 모드다. 집착 모드에 빠진 부모는 자기 감정에서 자신의 원하는 바를 포기하지 않고 탐욕적으로 그것을 이루기 위해 움켜쥔다. ADHD 자녀를 일반 아동으로 보려는 집착은 자녀에게 맞지 않은 옷을 억지로 입히려다 자녀의 모습을 제대로 찾아주지 못하는 것과 같다.

그것도 아니라면……

사람들에게 흔히 보이는 원시적 방법인 싸우기와 도망가기 외에 또 다른 문제 대처 양식으로 '얼음'이 있다. 얼음은 문제 상황에서 이도 저도 못하고 꼼짝없이 굳는 방식이다. 사람들이 '얼음'이 되면 '지나치게 무조건적 순응' 행동을 한다. 자신의 판단이나 생각 등을 전혀 고려하지 않고 무조건 따라간다. 얼음을 보이는 ADHD 엄마들은 자녀의 문제를 해결해줄 사람을 찾아 의존한다. 초등학교 1학년 때 웅기의 엄마는 학교 선생님이 ADHD 상담을 받기를 권유해서 상담을 시작했다. 이후 3학년이 된 지금도 자꾸 이곳저곳 상담하는 곳을 전전하고 있다. 이유인즉 ADHD 분야의 권위자를 찾아 아이를 최고로 도와줄 사람을 찾기 위해서다. 처음에는 명성이 높은 의사 선생님들을 쫓아다니다가 지금은 입소문난 베테랑 선생님을 찾고 있다. 최고의 선생님을 찾아 전국을 다닌다. 그러고는 한 번 정해진 베테랑 선생님을 절대 의지한다. 베테랑 선생님이라 확신하면 거의 신처럼 따른다. 웅기 엄마는 부모 상담을 통해 이러한 의존적 태도가 '실력 있는 사람에 대한 과신'이라는 과거 경험에서 온 상처와 관련된 것임을 깨닫게 되었다. 자신의 감정 문제를 이해하면서 더 이상의 '얼음' 행동을 보이지 않는다.

쉽게 '얼음'이 되는 ADHD 부모들 중에는 '혼돈 모드'에 있는 이들이 있다. '내 아이가 문제구나'라는 사실에 압도된 부모는 무엇을 어떻게 할지가 도무지 떠오르지 않는다. 유치원 7살 반 진이의 엄마는 내년 입학을 앞두고 아이가 혹시 ADHD일지도 모른다는 생각에 안절부절못한다. 유치원 선생님도 우려를 표하고 있어, 아이가 학교에서 잘 지낼 수 있을까 걱정하느라 하루에도 열두 번은 가슴이 벌떡거린다고 한다. 진이에게 신경 쓰고 있지만 진이가 잘 따라와 주지 않거나 별 변화가 없으면 어떻게 해야 할지 몰라 쩔쩔매게 된다. 머릿속이 하얗게 되면서 아무 생각도, 대처도 떠오르지 않게 된다.

이렇듯 ADHD 부모들이 싸우거나, 도망가거나, 얼음이 되는 이유는 자신의 감정을 제대로 해결하지 못한 채 행동하기 때문이다. 자신의 꼬인 감정 실타래를 제대로 풀지 않으면 이러한 세 가지의 극단적인 부적응 행동을 하게 될 것이다. 따라서 ADHD 부모로서 자신의 행동양상이 이 세 가지와 비슷하다면 자신의 감정부터 살펴서 이해해야 한다. 그래야 자녀의 ADHD 문제를 해결할 수 있는 행동을 바르게 선택할 수 있으니까.

생각의 안경을
수시로 점검해야 한다

앞서 감정과 행동의 관계를 보았다면 여기서는 감정과 행동 반응에 가장 큰 영향을 미치는 생각에 대해 이야기하려 한다. 비단 ADHD 부모가 아니어도 이러한 사고의 영역은 우리 행동이나 마음에 깊은 연관이 있다. 왜일까? '물이 절반 있는 컵'을 보자. 반밖에 없다고 생각하는 사람이 있고, 반이나 남아 있다고 생각하는 사람이 있다. 전자는 부정적 생각 때문에 속상한 기분과 안달하는 행동을 한다. 후자는 긍정적 생각 때문에 기쁜 마음으로 적극적인 행동을 한다. 보는 것 같지만 그것을 해석하는 방식은 전자와 후자가 다르다. 이런 해석은 각각의 사고다. 사람이 어떤 생각을 하느냐가 그 사람의 감정과 행동을 결정짓는다.

내게 여행은 나이 들면서 만난 새로운 취미이자 힐링이다. 바쁜 생활에서 벗어나 자연을 벗하는 장소로 훌쩍 떠나 붐비던 사람의 향기가 아닌 자연의 향기에 듬뿍 취할 수 있는 건 여행이 주는 행복이다. 여행지에서 만나는 자연은 참 싱그럽다. 지난 봄 제주 여행에서 만난 바다 빛깔은 유독 잊혀지지 않는다. 바다와 산, 육지가 어우러진 풍광은 그지없이 아름다웠다. 그 여행에서 인상 깊은 경험을 했는데, 바로 햇살을 피해 낀 선글라스를 벗고 자연을 마주한 순간이었다. 선글라스 안과 밖의 채광이 이렇게 다를 수 있을까 싶을 정도로 에메랄드빛의 제주 서쪽 바다는 무척 투명하고 밝고 깨끗했다. 그때 무엇을 끼고 보느냐에 따라 자연이 내게 다른 말을 건넨다는 사실을 깨달았다. 사물은 같은데 내 눈에 낀 선글라스로 전혀 다른 자연을 보고 있다는 사실이 순간 섬뜩했다. 내게 선글라스가 있는지 없는지에 따라, 또는 어떤 선글라스를 끼고 있느냐에 따라 나는 실체를 전혀 다르게 지각할 수 있으니 말이다. 그러니 보는 게 다가 아니다.

종종 선글라스를 사고의 안경으로 묘사하기도 한다. 세상을 볼 때 어떤 사고의 안경을 끼고 있느냐에 따라 세상은 다르게 해석된다. 많은 어머니들이 상담으로 배우는 점 중 하나가 바로 자기만의 생각 틀이 있음을 알게 된 것이라 한다. 자신이 끼고 있던 사고의 안경을 객관적으로 보게 되면서 자신을 이해하게 되었다는 고백이다. 이런 깨달음이 있고서 반복되던 문제의 실마리를 스스로 찾아 해결하는 태도를 보인다. '자신의 생각에 문제가 있다'는 것을 알고 자신이 어떤 사고의 안경을 끼고 있었는지를 염두에 두며 생각을 고치면 변화는 자연히 따라온다.

사람들은 자신만의 사고 안경을 통해 세상을 지각한다. 그래서 내 사고의 안경이 제대로 된 것인지를 아는 게 참 중요하다. 그렇지 않으면 그 안경 때문에 삐뚤어진 세상을 보거나 실제와는 전혀 다른 세상을 보게 되니 말이다. 누구에게나 사고를 왜곡시키는 안경이 있다. 쉽게 발견되지 않고 발견되더라도 쉽게 사라지는 게 아니기에 나도 꾸준히 나의 색안경을 찾아내려고 애쓴다. 몇 가지 발견된 것 중에 하나는 '나의 이상적 생각'이다. 20여 년 전 첫 직장에서 미술치료 워크샵을 1박 2일 간 적이 있다. 그때 단체 미술활동에서 여러 그림들이 조화를 이루지 못하는 것을 불편해하고 계속 지적하는 내 모습을 보았다. 다른 사람들은 다 만족하는 데 나는 그림 속 조화에 너무 신경이 쓰였다. 집단화를 그리는 과정에서 거의 폭발하는 나의 감정을 보면서 스스로 다른 사람들보다 '모두와 잘 지내어서 조화롭게 되어야 한다.'는 생각을 지나치게 많이 한다는 걸 알 수 있었다. 그래서 관계에서도 이상을 좇는다는 걸 깨달았다. 당시 나는 사람에게 만족도 못하고 친밀감에 대해서도 너무 깊이 생각한 나머지 가까운 사람들에게도 거리감을 느껴 서운한 적이 많았다. 그러고는 나를 외로운 자로 여기며 자기 연민에 빠져 있었다. 그 시기 관계의 문제는 나의 이런 '이상적 생각' 때문에 온 것이었다. 이러한 내 사고는 성격과 맞물려서 쉽게 바뀌지는 않았다. 하지만 이후 내가 원하는 관계가 비현실적임을 인정하고 지금 곁에 있는 사람들과 가깝게 지내는 것에 만족하는 걸 배우는 계기가 되었다. 그러면서 나는 나의 안경을 조금씩 인식하게 되었다.

부정적 감정에
얼룩지는 생각들 ————

이렇게 오래 묵은 왜곡된 안경 외에도 사소한 상황에서 쉽게 튀어나오는 생각의 안경에도 문제가 있다. 전날 업무에서 좋은 피드백을 받지 못해 의기소침해 있으면 다음 날 아침에 일어나도 기분이 언짢다. 하필 이런 날 아이가 불평하는 말을 한마디라도 하면 나는 쉽사리 짜증이 난다. 자녀의 불평이 마치 나를 무시해서 하는 버르장머리 없는 행동이라고 여겨 버릇 잡겠다며 싸움을 크게 만든다. 그럴 때 나의 생각을 살펴보니 '내가 변변찮게 느끼니 애까지 나를 쉽게 보는구나'라는 소리였다. 자녀의 불평을 나를 비난하는 것으로 여기고 있었다. 막상 아이는 자기를 봐달라는 메시지였는데 말이다.

또 어떤 날은 바쁜 아침에 달려 도착한 정류장에서 이제 막 떠나는 차를 보며 '이런! 차도 나를 무시하는군! 난 되는 게 없네.'란 생각 때문에 화가 머리 꼭대기까지 차오르기도 한다. 차가 나를 무시할 리 없는데 나는 차라는 무생물도 나를 무시한다고 여길 때가 있다. '무시한다'고 생각하는 이유를 살펴보니 당당하지 못한 내 모습이 불만족스러워서다. 내가 주장을 못하면서 상대가 인정해주지 않는 것만 원망하며 연민에 빠지는 거다. 그러고는 주변 세상도 그렇게 나를 본다고 생각하고 불쾌해한다. 기분 나쁜 순간마다 떠오르는 나의 생각을 살펴보니 지나치게 과장되고 확대 해석해서 극단적으로 모는 경향이 있었다. 다시 내 생각의 안경을 점검하고자 어디서 문제가 되어 이런 생각을 하는지, 바꿔서 생각할 점이 무엇인지를 살피려 한다.

나 자신을 향한 생각에 이런 문제가 있는데 하물며 자식을 향한 생각에 문제가 없으랴. 부모들도 자녀를 보지만 제대로 보고 있지 않을 수 있다. 생각의 안경을 점검하지 않으면 자녀를 있는 그대로 보기 힘들다. 내가 낀 안경으로 내 자녀를 본다. 그렇다면 부모가 ADHD 진단을 받은 후에 어떤 생각들이 들었을까? 혹시 그 생각들의 문제로 행동이 어려워지는 건 아닐까? 자녀가 ADHD 진단을 받을 때 부모가 어떤 생각을 하느냐에 따라 느끼는 감정도, 행동도 달라진다. 특히 고난이나 역경 같은 부정적 상황에서 떠오르는 생각은 부모의 성격을 반영한다. 그래서 어려울 때 보이는 모습이 진짜 그 사람의 모습이 되는 것이다.

나도 모르게
생기는 편견들 ————

ADHD 진단을 받은 부모의 생각을 들여다보자. 초등학교 4학년 건이 엄마는 매사 반듯한 분이다. 예의 바르고 깍듯하고 자기 일로 다른 사람의 신세를 지기 싫어한다. 그러기에 건이의 산만함과 충동적 말이나 행동을 너무 예의 없게 느낀다. 건이 엄마는 이 예의 없음에 몹시 분개했다. 상담을 하자 그녀는 '예의 없는 사람은 인성이 부족한 사람이다. 인성이 부족하면 사람들이 싫어한다'라는 생각이 강했다. 이런 생각을 하게 된 배경도 있다. 사람이 어떤 신념을 갖게 될 때 그 신념에 정서적 상처의 경험이 녹아 있다. 건이 엄마는 부모가 너무나 자신에게 무례했다고 여겼다. 자기밖에 모르는 엄마 때문에 늘 피해를 당했고 그런 부모가 여전히 지금도 자신을 괴롭힌다. 엄마에게 쉽게 화를 내거나 자기주장을 해보지 못했던 건이 엄마에게 있어 엄마는 자신을 괴롭히고 못 살게 구는 원수다. 그런데 건이가 예의 없는 모습(사실 건이는 예의 없는 게 아닌데 말이다)으로 자기 엄마랑 똑같아지는 것 같아 너무나 싫다. 게다가 ADHD라니. 다른 사람들이 건이를 자기처럼 미워하거나 싫어할 것 같아서 너무 속상하고 어떻게 할지 모르겠단다. ADHD에 대해 잘 모른 채 자신의 생각으로 덧입히면 이런 생각이 돌출된다.

반대로 자신의 어릴 적 모습, 늘 헤매고 집중하기 힘들었던 시절을 기억하는 엄마도 있다. 중1 서희 엄마는 자기도 늘 정신없는데 애까지 자기를 힘들게 하면 겁이 난단다. '서희도 나처럼밖에 안 되겠구나'란 생각에 온몸에 힘이 빠진다. 자신의 학창시절과 비슷한 모습을 보이는 서희가 한편으로 나처럼 얼마나 속으로 힘들까 싶단다. 그러다가도 멍하니 있거나 느려 터진 모습을 보면 화가 나서 엄마는 양가 감정에 시달리고 있었다. 서희 엄마는 서희가 자신과 같은 모습으로 자라는 것을 원치 않는다. 자신의 길에 대해 후회가 크고 실패라고 여긴다. 그래서 서희가 자신과 비슷하다고 여겨지면 '나처럼 된다'는 생각에 갇혀서 서희가 더 이상 서희로 보이지 않는다. 자신의 모습이 투영되면서 불안해진다. 그래서 서희 엄마는 서희의 반복되는 행동을 쥐잡듯이 잡아 매일 싸운다. 서희도 이런 엄마가 지긋지긋하고 더는 말도 안 듣는다. 서희 엄마도 서희에게 기대할 게 없다 싶으니 아무 의욕이 없다. 서희 엄마는 자신의 ADHD 성향을 잘 이해받지 못한 문제를 아직까지 해결하지 못해서 자녀의 ADHD 진단이 더 곤혹스러운 경우다.

　ADHD 진단과 함께 부모가 겪는 격렬한 심적 폭풍 밑바닥에는 자녀가 '인생의 경쟁에서 실패했구나'란 생각이 있기 때문이다. 솔직하고 직설적인 표현을 잘하는 부모들은 바로 이 점을 말한다. 2학년 태준이 엄마도 그랬다. 명확하고 간결하게 대화하는 태준이 엄마는 ADHD 진단 후 몹시 기분 상한 표정과 함께 첫마디로 아이가 경쟁에서 얼마나 살아남을 수 있을까를 물었다. 태준이 엄마는 혼자서 자수

성가해온 분이다. 형제들이 많아도 보살핌을 제대로 받은 적이 없기에 알아서 자라왔다. 가족이나 친구 관계보다는 공부로 승부를 거는 유형이었다. 그래서 자신은 '사'자가 붙은 직업까지 얻었다. 자신은 남부럽지 않게 스스로를 건사할 수 있었는데 자식은 내 맘대로가 안 되니 이제부터가 문제였다. 무엇보다 '내 새끼가 공부를 못한다는 것은 내 명예를 실추하는 것이다'란 생각이 강했다. 태준이 엄마는 태준이가 ADHD 경계 정도에 해당된다는 진단에도 불구하고 빠르고 강력한(?) 치료를 알아보았다. 태준이가 ADHD인가 아닌가를 통해 태준이를 이해하기보다, ADHD로 인해 공부를 제대로 하지 못하는 일을 절대적으로 막아야 한다는 생각에 꽉 사로잡힌 것이다. 지금은 태준이가 어려서 부모가 시키는 대로 따라오지만 ADHD 아이들의 학습 특성을 제대로 이해하지 못하면 자녀도 망치는 길이 되는데 안타까울 따름이다.

불행이라는 '생각'이 부모 자신의 문제를 더 키운다 ————

자녀의 ADHD 진단으로 부모 자신의 고질적인 문제가 더 심해지면서 생기는 문제도 있다. 특히 우울증을 앓은 경험이나 그런 과정에 있는 어머니는 자녀의 ADHD 진단으로 또 자신을 향해 화살을 날린다. '못난 에미 때문에 아이가 잘못되었구나'라는 생각으로 더욱 절망한다. 부정적인 생각회로는 자신이, 자기는 물론 내 자식도, 나와 함께하는 사람들도 불행하게 만드는 사람이라는 생각에 빠트린다. 이런 회로가 더 반복되면 자신이 없어져야 더는 불행한 사람이 생기지 않을 거라 여기게 된다. 자식을 이렇게 만들었다는 죄책감 또는 원망들이 혼합되어 불행의 원인 제공자라 스스로 여긴다. ADHD의 원인에 부모가 직접적이지 않은데도 말이다.

철저히 자기 탓을 하는 사람도 있지만 ADHD 자녀의 문제를 오롯이 남 탓으로 돌리는 부모도 있다. 특히 부부 불화가 많은 사람들은 ADHD 자녀가 누구를 닮았는가가 관건이다. 석진이 엄마는 석진이의 ADHD 판명 이후 더욱 남편이 싫어지면서 이혼을 결심했다고 한다. '지지리 못난 나는 남편 복도 없더니 자식 운도 없구나'란 생각에 남편 때문에 자식도 문제가 생겼다고 여긴다. 석진이를 제대로 키울 자신도 없고 남편을 보아하니 감당할 자신이 없단다. 차라리 애도 남편도 다 필요 없고 지금이라도 홀로 다시 시작하고 싶다고 한다. 인생에 흠을 주는 남편도 자식도 다 꼴도 보기 싫다. 자기애가 강한 엄마 중에는 주변에 자기를 빛낼 존재가 아니라면 가차 없이 잘라내고픈 충동을 느끼는 이도 있다. 혹은 충분히 지지받는 환경을 접해보질 못한 부모들은 ADHD 자녀가 한없이 부담스럽게 느껴져서 더욱 힘겨워한다. 남 탓을 하는 부모도 실은 내면 깊숙이 우울이 있다. 그래서 자신에게 내재된 사랑을 못 본 척하거나 충분히 끌어올리지 못한다.

여기에 묘사된 부모의 모습은 극단적이긴 하지만 이런 생각의 안경을 끼고 계신 분들이 적지 않다. 부모들을 상담하다 보면 자녀의 문제로 괴로워하는데 실상 그 중심에는 '나'라는 존재의 문제가 있는 경우가 많다. 부모가 '나'로 힘든 상태에서 자녀의 문제까지 터지면 자녀 문제도 곧 자신의 문제가 되곤 한다. 다시 말해 자녀의 문제와 내가 분리되지 않는다. 그래서 자녀의 문제를 객관적으로 보는 눈이 멀어버린다. 부모 교육 현장에서 만난 부모들은 교육을 들을 때는 알 거 같은데 집에만 가면 다시 원점이 돼서 속상해한다. 한 귀로 듣고 또 한 귀로 흘러 나가는 기분이란다. 눈 뜬 장님처럼 보고도 보이지 않는단다. 사실 자기 문제를 깊이 들여다보는 상담이 아닌 선에서는 계속 맴돈다. 나의 안경이 그대로라면 같은 방식으로만 생각되기 때문이다. 그 안경을 제대로 살피려면 내 원가족의 관계를 객관적으로 봐야 한다. 부모의 생각에 하나의 신념이 있는 건 부모가 살아온 원가족과의 환경이 영향을 미친다. 나의 문제는 곧 내 원가족과의 문제다. 그래서 부모에게 생기는 문제들을 원가족과 부모의 관계 내에서 회고하고 정리하는 것을 적어도 한 번은 해볼 필요가 있다.

또한 자신의 생각 안경을 끊임없이 점검하는 자세도 필요하다. '내가 과연 바르게 보고 있는가?'를 의심해야 한다. 스스로 모른다는 것을 아는 자가 지혜롭듯이, 내가 바르게 보지 않을 수 있다는 점을 안다면 생각을 바꾸기가 어렵지 않을 것이다. 나는 내 사고의 안경을 찾기 위해 특히 격한 감정(긍정 감정이든 부정 감정이든)이 올라올 때마다 나와 대화하려 애쓴다. 감정 직전에 순간 떠오른 생각과 단어를 자신에게 다시 묻는다. 일종의 '꼬리 물기 생각방법'이다. 차가 무시한다는 생각을 했다면 내 감정은 어떤 상태인지, 왜 하필 무시한다고 느끼는 건지, 비슷하게 느낀 적은 있는지 등을 질문하고 답하기를 계속 해본다. 떠오르는 단어를 무작정 써보기도 한다. 그래서 내가 쓴 안경의 정체를 찾고자 한다. 이런 생각의 반추가 새로운 답을 찾지 못한 채 맴돈다고 느끼면 또래 상담자인 친구와 이야기를 나눈다. 그러면 내가 보지 못한 내 안경을 보기도 한다. 이런 과정이 쉽지는 않지만 나의 모습 중 하나인 '생각'의 오류 찾기를 꾸준히 하면서 나를 다시 알게 되는 기쁨이 있다.

ADHD 자녀라는 사실에 일순 극단적인 생각이 떠오를 순 있지만 이 상황에 머물러 있지만은 않은 부모들도 많다. 순간 떠오르는 부정적인 생각들을 극복하기 위해 다른 생각의 안경을 찾는 분들도 있다. 'ADHD 자녀가 불쌍하다. 얼마나 힘들게 살까?'란 생각으로 이들을 도와주려는 마음을 불태우는 부모들도 있다. 힘들 수 있음을 생각하면서 도울 방법을 강구하고 바른 방법을 찾게 된다. 뜻이 있으면 길이 있으니 말이다.

말처럼 되지 않는
'받아들임'의 진통기

언제부터인가 친구 모임의 주요 주제가 건강이 되어버렸다. 어떤 영양식품이 좋고 운동이나 피부관리는 어떻게 받아야 하는지 등을 아주 심도 있게 나눈다. 나이가 들어도 여자는 젊어 보인다는 소리를 가장 좋아하는 거 같다. 뻔한 거짓말임을 알아도 누군가 자신을 동안으로 봐주면 기분 좋다. 나는 비교적 자신을 잘 가꾸는 친구들이 많다. 우리는 만나면 서로 동안이라며 격려하고 자랑한다. 자뻑 수준이지만 즐거운 수다다. 하지만 재미 삼아 해본 나이 맞추기 게임에서 어린아이들이 정확히 40대 아줌마로 보는 걸 보고, 우리끼리 어려 보인다는 격려가 얼마나 우스운가 싶어 웃으면서도 씁쓸해했다. 우리의 동안은 결코 젊은이와 비교될 수 없다. 화무십일홍이라 했다. 한때의 젊은 외모는 세월 앞에서 사그라질 수밖에 없다.

어디 외모뿐이랴. 충분히 할 수 있던 일들도 이제 벅차다. 충분히 소화해내던 음식양이 버거워지고, 하룻밤쯤이야 싶어 밤새 일하면 여지없이 일주일을 앓아버린다. 한번 아프면 아픈 기간도, 회복되는 시간도 길어진다. 몸은 내게 더 이상 20대가 아님을 말해준다. 그런데 나는 자꾸 왕성한 시절처럼 일을 벌려 놓는다. 그러고는 지치고, 못하고, 그런 나에 실망하는 걸 되풀이하는 것이다.

왜 서글퍼지고, 왜 실망할까? 결국 내가 나이듦에 대한 저항이 크기 때문이다. 세월의 길에서 살아온 시간이 더 많음을 느낄 때 인생의 여러 모습에 회의가 생긴다. 이런 감정이 드는 건 당연하리라. 감정을 받아들이며 속상한 마음을 달래본다. 무엇이 그리 안타까운지 스스로 물어도 본다. 그리고 변화가 가능한 일인지 불변의 일인지를 구별한다.

자, 답을 찾아가볼까? 외모는 불변이다. 환갑이 넘으면 여자들의 얼굴이 똑같아진단다. 이런 유머도 결국 세월 앞에 늙어가는 외모는 속수무책임을 알려준다. 그럼 일은? 일은 내 체력 한계에서 할 수 있는 정도로 하면 된다. 피곤하면 쉬었다 가면 된다. 젊을 때처럼 전력 질주는 못하겠지만 천천히 가다 보면 끝이 오기 마련이다. 쉼엄쉼엄 가면서 끝까지 하려는 끈기나 인내는 세월의 여정에서 배운, 시간의 값과 어찌 보면 비슷한 자산이다.

받아들이기란 이렇듯 쉽지 않고 진통기를 거쳐야 가능하다. 나는 나이듦을 조금씩 받아들이고 있다. 아직도 젊은 애를 보면 좋고 부럽다. 하지만 그 부러움을 나무라지 않는다. 부러운 만큼 그 욕구를 현실의 삶에서 내일보다 젊은 오늘을 어떻게 살아가야 할지로 고민하려한다. 왕성하게 일하고픈 것도 의욕과 과욕을 구분하려 한다. 그래서물처럼 살아가려 한다. 부딪히면 휘어 돌아가고 담기는 그릇대로 모양을 만들어 가는 물 같은 존재가 되고 싶다.

사람들은 타고난 욕구가 있다. 사람들은 다 자기가 하고픈 대로 살고자 한다. 이것은 아주 중요한 명제다. 그런데 여기에만 머물면 동물이다. 이런 욕구를 어떻게 발휘하고 다스리느냐가 인간다움의 진정한기준이 된다. 살다 보면 내가 원치 않는 방향인 경우가 많다. 특히 남과 함께 살아야 하는 인간들의 갈등은 결국은 서로 다 자기 마음대로하고 싶은 욕구의 충돌이다. 이것을 잘 다스려야 성숙한 사람이 된다.

아이만큼은 양보가 되지 않기에 ————

그런데 밖에서나 개인 삶에서는 이런 성숙함을 보이던 부모도 자녀 앞에서는 다시 아이가 된다. 그래서 아이를 꺾으려고 사사건건 싸운다. 아마도 자녀를 부모의 분신으로 여기는 우리나라의 문화적 영향이 큰 듯싶다. 자녀가 말을 안 듣는 것에 분개하는 것도 더 잘되라는부모의 강한 채찍이라 여긴다. 나보다 더 좋은 삶을 살게 하고픈 마음 때문에 자녀의 부적절한 모습을 그냥 눈감아 주기 힘들다. 이런 부모가 자녀의 ADHD 진단 앞에서 어떻게 될까? 앞서 본 감정, 사고, 행동들은 이런 진단을 받아들이기 힘들어서 나타난 모습들이다.

그렇다면 '받아들임'이라는 게 무얼까? 내 자녀가 ADHD 문제가 있음을 인정하는 것이다. 올바른 수용(acceptance)은 부모의 감정, 생각, 행동을 바르게 이끈다. 자녀의 ADHD로 인해 속상한 나의 감정도 부인하지 않는다. ADHD를 지나치게 비약하거나 절망적으로 생각하지 않고, 그 특성을 올바로 이해하려 한다. 자녀의 ADHD라는 사실 앞에서 회피하거나 싸우거나 무조건 남의 의견대로만 따르는 행동도 않는다. ADHD 자녀를 도우려 노력한다.

만약 자녀의 ADHD 사실을 받아들이지 못하면, 부모는 부정적인 태도를 갖고 자녀를 비효율적으로 보살핀다. 결국 양육과 훈육에서 혼돈만 가중되며 무엇보다 자녀의 고유한 특성에서 오는 기쁨을 경험하지 못한다. 부모가 수용하지 못할 때 아이는 어떻게 될까? 재희 엄마는 자녀의 ADHD 행동문제를 고쳐야 한다는 집념 때문에 아이를 늘 지적하고 혼낸다. 그러다 보니 재희는 스스로 문제아이고 뭐 하나 제대로 할 줄 모른다고 지각한다. 재희는 노래를 좋아하고 잘 부르는 음악적 재능이 있다. 그런데 엄마는 재희의 이런 모습을 공부와 상관없는, 쓸데없는 것으로 여겨 경시한다. 그러니 재희도 매사 '난 해도 잘 안 될 거야' 식의 부정적인 자기 예언적 기대로 자존감만 낮아지고 있다. 자녀의 ADHD 특성을 이해하지 못한 재희 엄마는 머릿속으로 그려 놓은 자녀의 모습을 기대한다. 재희가 일반 아동의 행동을 하기에 어려움이 있는데 그런 걸 기대하니 재희는 자신을 부모에게 받아들여지지 않는 문제아라고 느낄 수밖에 없다. 재희의 낮은 자존감은 존재 자체를 바르게 수용해주지 않는 재희 엄마의 태도에서 시작된다.

먼저 나란 사람을 알아야 한다 ————

받아들이고 싶은데 도무지 받아들여지지 않는 까닭은 무엇일까? 수용에서 걸림돌이 되는 것은 바로 그 사람의 '성격'이다. 무엇이든 수용을 잘하는 사람은 '자기 힘을 빼는 사람'이다. ADHD 자녀를 잘 수용하기 위해 부모가 뺄 힘은 무엇일까? 결국 부모 자신의 이해가 필요하다. 그래서 ADHD라는 사실 앞에서 보이는 부모의 감정, 생각, 행동을 다시 보자는 게다. 그리고 더 나아가 부모 자신, 원가족과의 관계를 살펴보는 것도 자신을 이해하는 데 도움이 된다. 자녀의 ADHD 앞에서 보이는 모습이 내가 부모 관계에서 보인 적은 없는지, 아니면 떠오르는 어릴 때의 감정이나 행동, 생각은 없는지 연결해본다. 끊임없이 자신의 현재 모습과 원가족과의 과거 모습을 연결하다 보면 나의 성격이 보일 게다. 내 성격이 지금 ADHD 자녀와의 관계에 영향을 주기에 내 성격 특성을 알아가려는 노력은 꾸준히 필요하다.

나는 빨리 수용하는 사람들이 부럽다. 난 나의 감정이 그리 단순하진 않아 내적 고통의 시간이 줄고 정리하고 익숙해지는 데 시간이 필요하다. 한마디로 느린 편이다. 기질로 치면 느린 기질이라고나 할까. 받아들이는 속도는 사람마다 다르다. 빨리 받아들이라고 강요한다고 해서 되는 일이 아니다. 속도가 빠를수록 자녀를 효율적으로 도와줄 수 있고, 문제 악화를 줄일 수 있지만 부모에 따라 '수용의 속도'도 어쩔 수 없이 다르다. 기다림이 필요한 부모도 있다. 하지만 너무 지체해서 자녀의 발달에 해가 될 정도인 부모들에게 나는 종종 이러한 경고를 해준다. 바로 '지금 치를 건가? 아니면 나중에 치를 것인가?'이다. 어차피 치를 일인데 나중에 하면 더 힘들어진다.

만약 앞서 말한 재희 엄마가 자녀를 수용한다면 어떤 모습이 될까? 재희를 ADHD로 인정하고 아이에게도 알려줄 것이고, 주변 사람들과 나누기를 주저하지 않을 것이다. ADHD 자녀임이 안타깝지만 창피한 일은 아니라고 여길 것이다. 일반 아이들과는 다른 접근이 필요하다는 점도 수용할 것이다. 그래서 특별한 내 아이를 양육하는 가장 좋은 방법을 찾을 것이다. 그러면 재희는 자신이 남들과 좀 다르기는 하지만 이상하거나 문제라는 인식은 없을 것이다. 자신을 비난하지 않고, 건강한 자존감의 뿌리를 내릴 수 있다. ADHD 특성으로 생기는 문제를 해결하기 위해 재희 스스로도 고민하게 될 것이다. 그리고 자신의 방식으로 잘 살아가는 방법을 좀 늦지만 터득하면서 여러 상황에 적응하는 힘이 생기고 자신감을 갖게 될 것이다. 자신의 삶을 잘 영위하는 만족감을 느끼며 자신을 좋아하게 될 것이다.

🌿 아이의 상태를 온전히 받아들이려면

1. ADHD 자녀를 키우는 독특한 방법을 배운다.

자녀가 다르기에 다른 방법이 필요하다. 정상이냐 아니냐를 따지기보다는 내 자녀에게 적합한 양육, 훈육, 교육 방법 등을 배우는 노력이 필요하다. ADHD 자녀를 돕는 부모교육의 핵심은 이런 '독특한 방법'을 이해하고 직접 가정에서 활용하는 거다.

2. 자녀의 ADHD 원인은 부모가 아니다. 따라서 부모가 ADHD를 일으켰다는 죄책감을 갖지 않는다.

많은 부모들은 자녀가 ADHD라 했을 때 자녀의 발달력에서 부모로서 자신이 부족했던 부분을 샅샅이 뒤지는 모습을 보인다. '모유를 먹였어야 하는데.' '아이랑 좀 더 많이 잘 놀아주었다면.' 'TV나 게임 못하게 했어야 하는데.' '일한다고 할머니에게 맡긴 게 잘못이었어.' '그 선생님을 만나지 않았으면 이런 일이 없었을 텐데.' '아빠만 좀 더 아이에게 관심을 가져주었다면.' '내 아이가 하고 싶은 걸 하게 좀 두고 덜 혼냈더라면.' 등의 후회하는 말들은 전부 죄책감을 부추기는 말들이다. ADHD가 생기는 것은 이러한 부모의 양육 과정의 문제가 직접적이지는 않다. 하지만 악화시키거나 약화시키는 등의 간접 영향을 줄 순 있다.

3. 뇌의 문제이니 자녀의 노력이나 의지 문제로 보지 않는다. 따라서 게으른 아이, 말 안 듣는 아이 식으로 비난하지 않는다.

자녀가 깔딱거리는 움직임을 계속한다거나, 이곳저곳을 지저분하게 만들거나, 자기 옷이나 물건 등을 제대로 정리하지 못하거나, 뭘 시키면

"네." 하고는 전혀 하지 않는 행동들. 이것은 아이가 부모를 일부러 화나게 만들거나 반항하려고 하는 행동들이 아니다. 자녀들도 사실 이런 행동을 하고 싶지 않다. 그런데 그게 안 되는 것이다. 오히려 그렇게 행동해야만 하는 이유가 따로 있는 거다. 따라서 자녀의 행동으로 발생하는 여러 문제들을 자녀의 노력이 부족하거나 그럴 마음이 없어서라고 단순히 치부해서 꾸중하는 일은 조심해야 한다. 특히 자녀의 인격을 결정하는 '~~한 아이'라는 표현은 하지 않도록 주의해야 한다. 자녀는 스스로 그런 아이인 줄 알고, 그런 모습으로 자신을 만들어가기 때문이다.

4. ADHD는 완치 목표는 어렵다. 목표는 보다 나은 삶으로 질적 변화를 꾀하는 데 중점을 둔다.

단순히 문제로 불리지 않고 장애라 불리는 것은 그로 인한 문제가 평생 갈 수 있다는 뜻이다. 그만큼 치료에서 완치는 어렵다. 따라서 자녀를 도울 때도 ADHD 특성으로 발생하는 문제들을 최소화시키는 부분을 찾는 걸 목표로 해야 한다.

5. ADHD를 돕는 '기적의 해결법'은 없다. 꾸준한 반복이 핵심이다. 따라서 부모가 최대한 참아야 한다.

ADHD의 치유과정에서 한번에 갑작스럽게 변화되는 치료법은 없다. 치료의 길은 얼마나 꾸준히 반복을 잘했느냐로 결정된다. 계란으로 바위를 깨듯 매우 천천히, 하지만 꾸준히 가다 보면 변화를 본다. 이 과정에서 부모가 많이 좌절한다. 몇 번 해보고 변화되지 않아 낙심하기 때

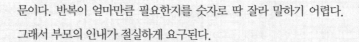

문이다. 반복이 얼마만큼 필요한지를 숫자로 딱 잘라 말하기 어렵다. 그래서 부모의 인내가 절실하게 요구된다.

6. ADHD 자녀를 바꾸려 말고 환경을 바꾸려고 노력한다.

ADHD 자녀를 돕는다고 자녀를 바꾸는 방식으로 접근하면 부모는 더욱 큰 좌절을 겪는다. ADHD 성향이 잘 바뀌지 않기 때문이다. 아이를 돕는 방법은 그런 성향으로 잘 살아갈 수 있도록 자녀가 접하는 환경(집, 학교, 친구관계, 이웃 등) 면에서 최대한 도와주어야 한다. 따라서 문제가 생기면 자녀보다는 환경의 변화를 고민해야 한다.

7. 어제 잘했다고 오늘도 잘할 거라 생각하지 말아야 한다.

변화에 조급하지 말라는 말이다. 한 번 잘했다고 바로 다음 날도 잘하는 것이 아니니 잘 안 된다고 쉽게 낙담도 하지 말아야 한다. 부모가 ADHD 자녀의 변화에 대해 적절한 기대를 갖도록 하는 말이다.

8. ADHD 자녀를 돕는 지시, 조정이 필요하듯 스스로 해결하는 능력도 함께 길러야 한다.

ADHD 자녀가 혼자 잘할 것을 기대해서는 안 된다. 그래서 상황별로 구체적인 지시와 조정을 해주어야 한다. 하지만 이 말이 혼자서 해볼 기회조차 주지 말라는 건 아니다. 도와줄 건 도와서 배우게 하고 스스로 해결할 힘도 같이 길러줘야 한다. 이 둘의 균형감이 중요하다.

9. ADHD 자녀의 안 되는 점보다는 잘되는 점에 초점을 둔다. 강점 중심의 접근을 한다.

알고 보면 ADHD 자녀의 강점 영역들이 꽤 있다. 호기심 많고, 도전적이고, 창의적이고, 예술적이고, 자발적이고, 꽤 빠른 일처리 등이 있다. 자신이 좋아하고 창의적 영역에서는 높은 집중도 보인다. 이런 강점을 찾아서 격려하고 지지해서 늘 못하는 아이가 아니라 "~는 잘 안 되어도, ...은 잘한다."는 자신감에 찬 말을 할 수 있도록 도와야 한다. 그래야 긍정적 자존감이 잘 형성된다.

10. ADHD 자녀의 성공이나 실패가 부모 양육의 성적이 아니다.

이 말은 사실 비단 ADHD 자녀를 둔 부모에게만 해당되는 건 아니다. 자녀가 성공하거나 실패한 것이 부모가 양육을 잘했거나 못했다는 증거가 될 수 없다. 성공이나 실패가 무엇이냐에 따라 다르지만 보이는 게 전부는 아니다. 부모 양육의 성적은 자녀가 부모를 어떻게 여기는지 관계에 대한 만족 정도에 있지 않을까.

Chapter_03

ADHD 부모에게도
받아들이기 위한
이해가 필요하다

새로운 '내'가 되어 우리 아이를
있는 그대로 받아들이기 위한 조언

아이의 돌발성 움직임에
당황하지 않으려면?

"가만 좀 있지 못해?"

엄마의 앙칼진 목소리가 메아리쳐오는 곳을 바라보면 영락없이 그 옆엔 뛰어다니는 아이의 뒷모습이 보인다. 엄마의 짜증스런 얼굴과 목소리에는 전혀 아랑곳없이 들떠 이곳저곳을 누비는 아이의 얼굴은 오히려 능청스럽다. 깜짝 놀라 쳐다보는 주위 사람들의 눈길에 부모의 표정은 당황함까지 겹쳐 복잡해진다. 엄마의 표정과 목소리에서 이미 지칠 대로 지친 고통이 묻어난다. 반면 다소 억울하다는 표정에 여전히 장난끼를 멈추지 않은 아이의 상반된 모습에서 ADHD 자녀를 둔 부모와 자녀가 한 마음이기가 얼마나 어려운지를 본다.

ADHD 아이의 부모에게 고통스러운 점 중 하나가 이들의 움직임에 대한 거다. 어른들이 고수하려는 자신의 영역이 이들의 움직임에 의해 늘 침범당하는 거다. 자신만의 고요한 영역이 있으면 하는데, 아이가 생기면서 이런 욕구가 갈등을 겪게 된다. 혼자서 살아갈 수 없는 갓난아기는 끊임없이 부모와 상호작용하며 생명을 유지하는 법을 터득한다. 부모는 그것에 반응해주고 맞춰야 한다. 이런 과정은 자신의 영역을 어느 정도 포기하는 부모의 희생을 요구한다. 아기가 어릴 때는 그런 희생에 대해 모성애, 부성애 등으로 견디어 간다. 그러다가 자녀에게 나와 너의 인식이 생기고 구별이 가능해지면 점차 간극을 둔다. 아이가 네 공간, 내 공간도 배우면서 구별된 객체임을 알게 되면서는 부모도 조금씩 자신의 영역을 주장할 수 있게 된다.

그런데 ADHD 자녀는 이 부분을 계속 건드린다. 좀처럼 경계를 모른다. 대표적으로 부모를 힘들게 하는 것이 이 산만한 행동이다. 이들이 일정 영역에서만 산만하면 좋겠지만 결코 그렇지 못하다. 늘 이 경계를 깨뜨리기에 갈등이 생긴다. 부모의 경계뿐만 아니라 다른 사람의 경계도 함부로 하기에 민망하고 송구스럽기 일쑤다. 아이의 이런 모습 때문에 자주 꾸짖게 된다.

내게도 이들의 행동문제로 인해 힘든 경험이 있다. 신참 시절 좋은 교사의 꿈을 갖고 교단에 섰을 때 아이들이 사랑스럽기 그지없었다. 한 명 한 명 마음으로 아이들을 품겠노라는 신임교사다운 거창한 포부도 있었다. 하지만 나의 바람과는 달리 현실에서 마주한 아이들은 말썽쟁이들이었다. 적어도 그 시절엔 그렇게밖에 보지 못했다. 자꾸 소리치고 꾸짖는 일이 많아졌다. 초보 선생이라 통제 기술은 떨어져서 주로 가만있지 못하는 아이들을 잡는 데 너무 많은 에너지를 쏟았다. 그들의 돌발성 움직임은 수업의 흐름을 방해하기에 나는 쉽게 짜증내고 긴장했다. 그 긴장이 쌓이다 결국 폭발해서 아이를 심하게 꾸짖었다. 그러고 나면 나는 온화한 선생님의 이상적 이미지가 실추되기에 자신에게 또 불만이 생겼다. 가만히 있지 못하는 그 아이만 생각하면 어느새 표정이 굳어서 스스로 놀라기도 했다. 교사로서 한 반을 잘 이끌어가는 좋은 리더십을 꿈꾸었는데, 나를 따라오지 않는 아이 때문에 꿈이 깨진 것 같아 자존심도 상했다. 이들이 내 규율에 따라오지 않는 것은 나의 경계를 깨뜨리는 행동이었다. 이런 경험 때문에 선생님들이 ADHD 학생들을 얼마나 힘겹게 여기는지 쉽게 공감이 간다. 선생님들은 그만큼 자신의 경계에 민감하고 잘 지키길 훈련하는 사람들이라 그렇다. 내 경험에 비추어 보아도 ADHD 아동의 행동은 부모는 물론 다른 어른들의 경계를 무너뜨리기에 쉽게 갈등을 일으킨다.

어떤 모습인가?

ADHD의 산만한 행동은 다음과 같이 묘사한다.

- 달리는 오토바이처럼 정신없이 뛰어다닌다.
- 고장 난 장난감마냥 무조건 멋대로 움직이는 팔, 다리 등 몸의 움직임 조절이 힘들다.

• 가만히 있기를 힘들어하고 계속 꼼지락거린다.

• 에너지가 넘쳐서 쉽게 지치지도 않는다.

• 덤벙거리는 행동이 많아 자주 다친다.

부모는 이런 자녀의 모습이 귀찮고 성가시다. 끊임없이 부모의 개인 공간을 깨뜨린다. 부모를 노하게 하는 부분이다. 요즘처럼 바쁘게 사는 부모들은 집에서 쉬고도 싶다. 그런데 쉴 만한 개인 공간을 자녀가 허용하지 않는다. 뛰다 건드려서 물건이 부서지기 십상이고 엎지르고 넘어져서 다치니 부모가 노심초사한다. 참다 참다 결국 "가만히 있어!"라는 소리를 빽 지르게 되고 잠시 조용해지는 듯하지만 이것도 오래가지 못한다. 잠깐 눈치 보다 아이는 이내 또다시 부산스러워진다. 잠을 잘 때나 멈춰지는 이들의 움직임에 어디서 이런 에너지가 나오는지 의아할 정도다.

도대체 왜 이럴까?

1. 실제로 이들의 움직임에 대한 강한 욕구가 도대체 어디서 나오는 건지 아직 명확히 밝혀지지 않았다. 뇌 연구에 의하면 육체 감각을 쫓아 정신없이 움직이는 모습이 뇌 전두엽 기능의 부족과 관련이 있다고 말한다.

2. 각성 이론의 입장에서는 쉽게 각성되지 않아 여러 번 움직임의

강도를 경험해야 각성되기에 보통 아이들이 한두 번이면 알아차릴 부분이 수십 번의 움직임으로 이해된다는 이론이다. 혹은 지겨움을 견디기 힘들어서 자극을 끊임없이 쫓는 모습이라고 말하기도 한다.

3. 약물치료가 이런 과잉 행동에 효과를 보이기도 하는데 단점은 약을 먹을 때만 작용한다는 점이다. 그래서 학교 활동에 지장이 없도록 주로 낮 시간에 작용하는 약을 먹곤 한다.

알아둘 점

첫째, ADHD 자녀의 끊임없이 움직이려는 욕구를 우리가 멈추게 할 수 없다는 사실이다. 사라질 모습이 아니다. 물론 학년이 높아지면 조금 감소하는 감은 있다. ADHD 아이들의 산만한 양상이 바뀐다. 어릴 때는 온 방을 뛰놀았다면 학년이 올라가면서는 앉아서 꼼지락거리는 모습이 많아진다. 여전히 옆 사람을 건드리고 흔들거려서 주변 사람들이 불편해한다. 핵심은 이들의 과잉 행동을 인정해주는 것이다. ADHD 자녀가 이런 과잉 행동으로 생활에서 남에게 어떻게 피해 주는지 알고, 방해 받지 않고 지내는 법을 배우게 하는 것이 과제다.

둘째, 이들의 산만한 행동은 주변 사람들을 귀찮게 하는 건 사실이지만 나쁜 일을 하는 것은 아니다. 따라서 움직임의 문제로 ADHD 자녀를 나쁜 아이로 말하지 않도록 해야 한다. 그러니 부모를 귀찮게 하는 많은 행동들이 일부러 부모를 화나게 하려는 게 아니라 ADHD 자녀가 움직임을 멈추기 힘들어서 어쩔 수 없이 하는 행동임을 이해해주어야 한다.

셋째, 이들의 움직임이 꼭 부정적인 것만은 아니다. ADHD 자녀에게는 움직임이란 또 다른 집중을 위한 도구나 통로가 된다. 움직이는 게 집중에 방해된다는 통념을 깨야 한다. 적어도 ADHD 자녀를 바라볼 때만큼은. 오히려 이러한 움직임을 활용할 수 있는 방안을 고민하는 게 더 중요하다.

아이의 과잉행동에 대해 ————

부모가 하지 말아야 할 것들

부모가 자녀의 행동을 멈추게 할 수가 없다. 따라서 "가만히 있어!" "그만해!"라는 말이 얼마나 쓸모없는지를 알아야 한다.

부모의 고정관념으로 자녀를 보지 말자. 가만히 앉아서 공부해야만 공부하는 건 아니다. 움직임 그 자체가 생각을 일으키기도 한다. 특히 ADHD 자녀에게는.

부모가 해야 하는 것들

'움직임이 사라지지 않는다.' 이것을 받아들이자. 내 자녀는 끊임없이 내 영역을 침범할 것이다. 자녀랑 같이 있는 한 그런 행동은 나올 수밖에 없다. 기대를 버리면 화가 줄어들 수 있다. 부모로서의 내 영역은 따로 생각하자. 같이 있을 때는 자녀의 행동을 이해해야 한다. 따라서 ADHD 자녀가 계속 꼼지락거리는 행동을 멈출 수 없음을 받아들이고 이런 행동에 놀라거나 화내지 않도록 해야 한다.

그 다음에 반드시 ADHD 자녀에게 '꼼지락거리는 행동을 허락'하자. 꼼지락거릴 수 있는 물건을 손에 준다. 나도 학창시절 공부할 때 가만히 있기 힘들어 자주 한 방법이 '연필 돌리기'였다. 끊임없이 연필을 손가락 사이로 돌리면서 몸의 지루함을 달랬다. 손에 쥐어줄 것이 아무것도 없어서 이것저것을 만지느라 더 산만해지는 것보다 낫다. 손에 쥐고 조물거릴 수 있는 공이나 고무밴드 뭐든 좋다.

꼼지락거리는 행동을 없앨 수는 없지만 줄여갈 수는 있다. '연필 돌리기'처럼 반복적 움직임이 있는 것은 다른 산만한 행동을 많이 줄여준다. 리듬 있고 반복적인 작은 움직임을 할 수 있는, 손에 쥘 만한 것을 찾아주는 것도 좋다. 껌을 씹거나 몸을 흔들거리는 것은 리듬과 반복을 주기에 도움이 된다.

가만히 앉아서만 공부를 할 수 있다는 생각도 이들에게는 적합하지 않다. 외우거나 이해가 필요할 때 움직임을 허용한다. '달리거나 뛰면서도 공부가 가능한 아이들'이다. 몸을 흔들거리며 자세를 삐딱하게 앉거나 서서 공부하는 모습. 여기저기 낙서하거나 책 끝부분을 뜯거나 종이를 꼬깃거리면서 공부하는 모습 등을 허락해야 한다. 비록 부모

눈에는 탐탁스럽진 않지만 말이다. 오히려 가만히 정자세로 공부하기를 요구하면 그런 자세와 씨름하느라 정작 공부는 놓치게 될 거다.

쉴 때는 가능하다면 큰 움직임을 마음껏 할 수 있도록 한다. 몸의 에너지를 충분히 발산할 기회를 준다. 운동은 이들에게 필수다. 최대한 많은 운동으로 이들의 넘치는 몸 에너지를 발산시켜야 한다. 줄넘기, 공놀이 등 어떤 형태의 움직임을 좋아하는지 살펴보고 아이와 정해서 꾸준히 운동한다. 그런데 이때 주의할 점으로 이들은 프로그램화된 운동을 싫어한다는 사실이다. 자유롭게 움직이는 것을 좋아하는 아이들이다. 그들이 원하는 운동이나 움직임을 허락해야 한다. 아무의미 없이 움직이는 일정 시간을 허용해야 한다. 부모 눈엔 어처구니없는 짓으로 보일지라도 말이다. 대부분의 ADHD 자녀는 운동을 싫어하지 않는다. 운동을 싫어한다고 말하는 아이도 단지 자유로운 움직임을 원하는 것일 거다. 크게 위험하지 않는 범위 내에서 아이가 원하는 움직임을 허락하자.

수업의 방해꾼 소리를 듣는다면

　　오랜 상담 경험에서 보면 통계로 수량화하진 않았어도 감으로 대충 파악되는 특성들이 있다. 그중 하나가 초등학교 입학이나 새 학년의 시작인 3월에는 상담이 별로 없다가 4월 말부터 5월로 넘어가면 상담실 문턱이 닳듯이 내담자가 급증한다는 사실이다. 새 학년에서 첫 상담이 4월 중순에 이루어지면서 자녀의 ADHD를 의심하는 양상을 선생님께 공식적으로 처음 듣게 되기 때문인 듯하다. 많은 부모가 ADHD 자녀로 인해 문제를 진짜 심각하게 느끼는 때는 보통 입학 이후인 것 같다. 유치원 때도 문제가 없진 않았지만 아무래도 유치원 선생님들이 중재해주고 보살펴주는 면이 많고, 아주 심각한 상황이 아닌 이상 문제로 여기는 선생님들도 많지 않다. 그러기에 부모도 문제로까지 여기지 않고 '자라면서 없어지겠지'라고 과소평가한다.

그러다 입학 후 선생님들 앞에서 아이에 대한 전혀 뜻밖의 평가를 받는다. 실로 선생님의 보고는 부모를 한 방 먹이듯 충격적이다. 가만히 못 있을 뿐만 아니라 수업에서 끊임없이 떠들어서 방해꾼이 된다는 선생님의 표현에서 내 아이는 이미 문제아인 거 같아 불쾌하다. 그런 현실이 믿기지도 않는다. 그렇지 않아도 입학 후 자녀 평가에 민감해지는 초등 1학년의 시기에 담임선생님으로부터 ADHD 검사를 받아보라는 권유까지 받으면 덜컥 겁도 난다. 그렇게 보는 선생님도 원망스럽고, 눈 밖에 나게 행동한 아이에게도 짜증이 난다. 유달리 선생님에게 인정받고 싶어 하는 부모라면 더욱 고통이 된다. '내 아이는 꽤 괜찮은 아이로 보이고 싶었는데.' '나도 애 잘 키운 엄마로 당당하고 싶었는데.' 이런 기대를 여지없이 무너뜨린 선생님의 평가는 부모를 절망의 나락으로 떨어뜨린다.

이들의 모습이 학교에서만 국한된 건 아니다. 집에서도 절대 조용히 있지 않는다. 원하는 것이 있을 때면 목소리도 큰데다 자기 소리가 묻힐까 싶어 소리치며 말하기도 자주 한다. 거슬리는 큰 목소리 때문에 "작게 좀 말해라."라고 잔소리하게 된다. 그러면서 말도 끊임이 없다. 하고픈 말은 어떻게든 하고는 정작 들을 때는 귀 막고 안 듣는다. '자기 말만 시끄럽게 하는 아이' 같다. 특히 사색을 좋아하는 성향의 엄마들은 이 시끄러움으로 정신 산란함을 호소한다. 아이가 들떠 흥분하며 말하는 것이 부모에게는 시끄러운 소음일 뿐이다.

무엇보다 부모들이 속상해하는 것은 다른 사람과의 대화에서 시도 때도 없이 끼어드는 아이의 모습이다. 처음에는 어른들에게 스스럼없이 다가가는 것 같아 좋은 인상을 받지만 오래 가지 못한다. 어른, 아이를 구별 못하고 자기 하고픈 말을 대화 중간에 끼어들어 하는 모습은 버릇없다고 느껴지게 한다. 하고 싶은 말을 참지 못하는 것은 좀처럼 다스려지지도 않는다. 어릴 때는 애교 있고 귀엽게 봐줄 수 있지만 학년이 올라갈수록 부모는 이 문제로 점점 난감해진다. 여러 사람 앞에서 여전히 어린아이처럼 구는 모습이 부모는 창피스러울 뿐이다. '내가 제대로 훈육하지 못해 저렇게 버릇없게 키웠다고 할까' 싶어 위축된다. 다른 사람의 시선은 많은 부모들의 발목을 잡는다. 유달리 시선을 의식하는 부모라면 '애 때문에 나까지. 어쩌다 내 팔자가 이렇게 됐나.' 싶어 자괴감에 빠지고 삶에 회의와 실망을 느낀다.

끼어드는 행동은 어른들뿐만 아니라 형제, 친구관계에서도 마찰을 일으킨다. 얌전히 노는 형제를 꼭 건드려서 싸움을 일으킨다. 아이는 혼자 해결도 못하고, 물어보면 제대로 상황 설명도 잘 못한다. 억울하게 씩씩거리고 있을 때가 많고 고집도 잘 피운다. 자신의 행동에 뭐가 문제인지 모르는데다가 억울해만 하고 설명도 제대로 못하는 자녀의 모습에 부모는 답답하기만 하다.

친구들과도 잘 노는가 싶다가도 곧 싸움이 나거나 혼자 있게 되는데 이 역시 끼어들기가 한 요인이 된다. 친구들의 아웅다웅에 끼어들다가 오히려 더 밉상이 되거나, 이미 끝난 문제에 뒤늦게 흥분해서 난동을 피우다 선생님께 홀로 뒤집어쓰듯 꾸중 듣는 일이 다반사다. 부모는 이러다가 '눈치 없는 아이'로 친구들에게 인식되는 게 아닐까 걱정이 된다. '그러다 왕따라도 당하게 되면 어쩌지.'라는 극단적인 생각까지 들면 덜컥 겁에 질려 동동거린다.

어떤 모습인가?

ADHD 자녀의 참지 못하는 모습은 다음과 같이 나타난다.

- 꼭 해야 할 말인가를 생각하지도 않고 말이 튀어나와 실수하지만 이런 실수를 잘 감지하지도 못한다.
- 미처 생각하기도 전에 행동해서 다치거나 위험한 순간이 많다.
- 매사 너무 쉽게 빨리 결정해버린다.
- 조심성이 없는 모습에 보는 이들의 마음을 졸이게 한다.

도대체 왜 그럴까?

1. 이들은 '끼어들면 안 된다'는 개념이 없다. 뇌의 억제 영역 발달이 부진하기 때문이다. 그래서 생각하는 것을 바로 말해야 하고, 하고픈 행동은 꼭 해야 한다.

2. 여기에 또 기억의 문제가 한몫한다. 잠깐 참고 기다리는 순간 잊

어버리는 경향이 있다. (이와 관련된 내용은 '일상의 일들을 자꾸 까먹는 아이'(108쪽)을 참조하자.) 이들이 기다리는 걸 참지 못하고 끼어드는 이유 중 하나는 '잊기 전에 말하고 행동하기' 때문이다.

3. '정서적인 미숙함'도 끼어들기가 잘 고쳐지지 않는 이유다. '끼어들지 말라'고 가르쳐도 '자기 것이 더 중요하다'는 자기중심성이 강해서 자기의 하고자 하는 말, 행동을 까먹을까 두려워 잠깐 참는 것을 고통스럽게 여긴다. 그래서 결국 끼어든다.

이들을 이해하기 위해 꼭 알아두어야 할 점

ADHD의 주요 양상은 세 가지, 즉 산만함(과잉행동), 충동성, 부주의함이다. 앞서 말씀드린 '건들거리는 행동'은 산만함(과잉행동)과 관계 있다. '끼어들기'는 충동성의 한 모습이다. 충동성은 과잉행동에 비해 좀 더 오래 지속된다. 충동성은 다음 세 가지 양상으로 나타난다.

1) 언어적 충동성

큰 소리로 경솔하고 불쾌한 말을 늘어놓는다. 때때로 다른 사람의 말을 가로챈다.

수업 중에 선생님의 질문이 채 끝나기도 전에 대답을 해버린다.

2) 행동적 충동성

하던 것을 마치기도 전에 다른 일을 시작한다.

아무 생각 없이 위험을 자초한다.

때로는 난폭한 행동도 한다.

3) 사회적 충동성

들은 내용을 이해하지 못하는 아이는 다른 사람을 귀찮게 하고 때로는 주변 사람에게 무례한 행동도 서슴지 않아 방해되는 경우가 많다. 경험을 통해 배우는 능력이 부족하여 불복종하는 아이로 여겨지고 이로 인해 다른 사람의 감정을 상하게 한다.

(출처 : 《주의력결핍 과잉행동 클리닉》(콜레트 소베 지음, 한울림))

아이의 충동성에 대해 ————

부 모 가 하 지 말 아 야 할 것 들

'끼어들기' 개념을 가르치지 않고, 행동을 계속 지적하는 것은 그만해야 한다. 꾸중은 ADHD 아이들에게 아무 도움이 되지 않는다. 오히려 역효과만 날 뿐이다. 무엇을 고쳐야 하는지 가르치지 않고 꾸중이나 경고를 듣고 행동을 스스로 수정하길 기대하는 것은 일반 아동들에게 하는 태도다. ADHD 자녀에게는 일반 자녀와는 분명 다른 방법을 써야 한다. 그러니 꾸중하지 말고 고쳐야 할 점을 명확히 알려줘라!

부모가 해야 할 것들

끼어들기를 할 만큼 알리고 싶고, 드러내고 싶은 ADHD 자녀의 마음을 헤아려줘라. 부모가 ADHD 자녀의 그런 마음을 안다는 걸 말이나 행동으로 공감해준다. 먼저 아이가 '끼어들기'를 하고 싶을 때의 모습을 관찰해 그 시점을 알아야 한다. 만일 부모가 관찰이나 그 시점을 알아차리기 힘들다면, 자녀가 이미 끼어든 후에라도 멈출 수 있도록 부모-자녀 간의 신호(signal)를 만든다. 코를 찡긋거리거나, 눈을 윙크해주거나, 자녀의 팔이나 어깨를 부드럽게 누르며 '멈추라는 신호'를 보낸다. 소리치며 꾸중하는 것보다 이런 신호를 사용하는 것이 좋다.

아이가 '끼어들기'를 하려다가 부모의 신호를 보고 말이나 행동을 멈춘다면 (입을 가리거나 멈추는 행위를 한다면) 참으려고 애쓰는 아이의 모습을 충분히 격려해준다. 이에 대해 보상도 해준다. ADHD 자녀에게 언어적 보상은 오래가지 못한다. 눈에 띄는 보상이 필요하다. 물건처럼 자기가 갖거나 작동할 수 있는 걸 원하는 경우가 많다. 그런 보상을 자녀와 이야기해서 준비한다. 아주 작은 노력에도 가급적 칭찬과 보상을 해주어야 한다. 처음일수록 더욱 격려하고 보상 약속은 꼭 지켜준다. 자녀의 작은 노력을 당연하게 여기지 말자! 또한 부모의 신호 없이 스스로 알아서 참을 거라 기대하지 말아야 한다.

'끼어들기'를 참는 시간을 너무 길게 두지 않도록 주의한다. 1분 참기도 힘든 아이들이다. 처음에는 아주 작은 시간부터 참도록 연습하다가 점차 시간을 아주 조금씩 벌린다. 이런 '참기'를 연습하는 방법 중 하나가 '말을 주고받는 연습하기'다. 손 안에 빨간 공 등을 쥐고, 그것을 쥐고 있을 때는 말하지 않고 듣기만 하는 연습을 한다. 번갈아 가면서 3분-5분씩 말하는 활동이다. 이때 절대 궁금한 점이 있어도 끼어들면 안 된다. 이 활동을 게임처럼 하고 잘할 때 칭찬도 잊지 않는다.

'끼어들기' 전의 에티켓도 있음을 가르쳐준다. 무조건 하고 싶은 말이나 행동을 하기 전에 상대방에게 신호를 보낸 후 상대의 허락을 구하고 승낙이 되면 말이나 행동을 하도록 가르친다. 구체적인 순서는 다음과 같다.

(1) '저어~', '실례지만…', '미안한데…', '죄송하지만…' 등의 말을 먼저 건넨다.
(2) 이상의 신호로 상대방의 표정이나 답변을 살핀다.
(3) 기다렸다가 '말해 봐' '뭔데?' '응?'과 같은 상대의 신호가 오면 말한다.

일반적인 끼어들기는 해서는 안 되지만 꼭 끼어들어서 알려야 하는 상황도 있음을 가르친다. 위험한 상황이나 누군가가 다치거나 자신의 생명에 지장 있는 상황에서는 끼어들어서 말해야 한다. 이런 상황에서는 끼어드는 것이 허용됨을 배워야 한다. 즉 ADHD 자녀에게 어떤 상황에서는 끼어들기를 하면 안 되는지, 끼어들 때는 어떻게 행동해야 하는지, 끼어들기를 해야 하는 상황은 어떤 경우인지를 구체적으로 하나씩 가르쳐야 한다. 꾸중이나 협박하듯 말해도 알아듣지 못한다. 친절하게 가르쳐주자!

일상의 일들을
자꾸 까먹는 아이

ADHD 자녀는 부모를 체력적으로 지치게 할 뿐만 아니라 속 터지게 만들기도 한다. 부모가 답답하게 여기는 부분은 멍청하지 않은 것 같은 아이가 '멍청한 짓'을 한다고 느낄 때다. 그렇게 단단히 알려줬는데 아이는 준비물도 잊거나 잃어버린다. "어떻게 그렇게 매일 반복되는 일상을 까먹을 수 있나요?" 이런 의문부터 시작되어 답답한 심경에 어떤 부모는 "머리는 왜 들고 다니는지 모르겠다."고까지 자녀를 비하한다.

잊거나 잃어버리는 행동에 대해 '그럴 수도 있지'라고 여기는 것과 그것을 보며 사는 부모의 심경과는 큰 괴리가 있다. 내가 상담하면서 가장 미안해지는 순간도 이때다. 부모가 "내가 안 해본 것이 있는 줄 아냐? 내가 당하는 고통을 알기나 하냐?" 등으로 반문하며 저항할 때 순간 역전이가 몰려온다. 매일의 삶에서 똑같은 일을 수천 번 반복하며 말해야 하는 부모의 심경이 정확히 내게 아픔으로 오지 못하고 있다는 것에 대한 미안함에 나는 어쩔 줄 몰라 한다. 모든 걸 경험할 수 없기에 내가 직접 경험하지 못한 것에 대해 공감을 못하는 것은 어쩌면 당연할 수 있다. 그런데도 고통스러워하는 부모 앞에서 위로할 말을 찾지 못할 때마다 나는 죄책감을 느낀다. 이는 공감에 대한 나의 높은 기대 때문에 생기는 역전이일 게다. 그럼에도 나는 20여 년간 만난 부모들이 보인 간접 경험들을 나의 것으로 만드는 작업을 통해 함께 느끼고 이해하려고 노력해본다.

엄마들이 호소하는 일상생활의 모습들은 이러했다. 비싼 스마트폰도 잃어버리고, 아빠가 출장 가서 사온 물건도 어디 갔는지 모르고, 우산은 나갈 때 있어도 들어올 때 없고, 보조 가방은 수없이 두고 오고, 학원이나 학교 갈 때 늘 물건을 빼먹고, 숙제나 알림장 등을 기억하는 일은 거의 없고, 집에서는 옷 입거나 밥 먹다가 딴짓을 하고, 학교 가는 길에 꽃 구경, 벌레 구경을 하느라 늦는 것도 모르고, 집에 와서 손이나 운동으로 땀에 찌든 몸도 씻지도 않고 바로 음식을 먹으려하고, 자기 전에 양치나 목욕도 강제로 시켜야 하고, 구석구석 씻지도 못해 충치는 달고 산다.

이런 매일의 일상을 하나부터 열까지 말해야 겨우 조금씩 간신히 움직이는 아이와 하루 종일 시달리다 보면 지쳐 언성이 높아지고 싸움이 생기는 게 어찌 보면 당연하다. 자녀가 둘 이상이라면 다른 자녀도 제대로 돌보지 못하는 것이 미안해진다. 몸은 하나인데 할 일은 끝도 없는 현실에 지치기 십상이다.

엄마가 청결함이나 건강에 강박이 있다면 아이의 지저분하고 위생 개념이 없는 행동으로 괴로워한다. 언제까지 엄마가 쫓아다니면서 씻길 수도 없고, 더러운 손으로 먹게 두면 혹시 몸이라도 아플까 염려된다. 그래서 자꾸 '씻으라, 닦으라, 이거 하기 전에 저거 하라' 등 지시도 많다. 다 건강히 키우려는 부모 마음인데 그걸 몰라주고 따라오지 않는 아이 때문에 화나고 미워지기도 하다.

그런데 자녀가 항시 이런 모습인 건 또 아니다. 자녀가 원하는 것이나 좋아하는 것을 할 때는 알아서 척척 잘한다. 그래서 부모가 헷갈린다. 아이가 똑똑한 모습도 분명 있는 거 같은데, 왜 이리 간단한 일상 행동을 자꾸 잊는지 모르겠다. 그래서 많이들 혹시 자녀가 일부러 부모 말을 안 들은 척하고 반항하는 것이 아닌가 헷갈려 한다. 까먹었으면 시킬 때라도 빨리 움직여 주면 좋겠는데, 꿈쩍하지 않거나 억지로 끌려 하듯 움직이는 아이의 모습을 보면 매일 하는 생활 일에 관심이 없어 보인다. 이런 모습이 부모 말을 우습게 여기는 행동 같아서 부모의 화를 돋운다.

어떤 모습인가?

ADHD 자녀의 자꾸 까먹는 모습은 다음과 같다.

- 매일의 생활에서 계획대로 시간을 사용하는 법을 모르고 마음 가는대로 한다.
- 가끔 내가 뭐 하러 여기에 와 있는지도 잊을 때가 있다.
- 집에 와서 일상적인 행동을 잊는다.
- 자기 관심사에만 푹 빠져 있다.
- 주변 사람들이 재촉해야 움직인다.

도대체 왜 그럴까?

1. 자꾸 잊는 것은 '기억이 안 되기 때문'이다. 기억 기능에 문제가 있다고 본다. 기억을 붙잡아두는 데 시간이 오래 걸린다. 즉각적으로 기억하여 잠시 수행하는 것이 어렵다. 작업 기억(working memory)의 어려움이 있어서다. 아마도 다른 자극에 의해 쉽게 산만해져서 하나의 자극을 오래 유지하기가 힘든 '선택적 주의' 어려움 때문으로 보인다.

2. 자꾸 까먹는 거 같으면 외우려고 노력해야 하는데 이러한 의지도 별로 없다. 그래서 "네. 네." 하는데 막상 행동으로 연결되지 않는다. 뭘 하라고 했는지 금세 까먹었으니 말이다. 그렇다고 묻지도 않는다. 관심 없는 것은 일부러 기억에 붙잡아놓으려 하지 않

는 모습이다. 그래서 한 귀로 듣고 한 귀로 흘리는 모습이 된다.

3. 자기가 관심 있는 영역은 매우 잘 기억한다. 얼핏 보면 악착같아 보이기까지 한다. 그렇다면 왜 일상생활에서는 기억 기능에 문제가 생기나? ADHD 자녀의 관심은 새롭고 호기심 있는 영역들이다. 이에 비해 일상생활은 반복적이고 너무 빤하다. 쉬우니까 그냥 하면 된다 싶겠지만 이들은 쉬우니까 지루하다.

이들을 이해하기 위해 꼭 알아두어야 할 점

이들의 행동이 부모를 일부러 건드리는 반항이나 공격이 아니라는 사실이다. 부모가 싫어서 속상하게 하려고 악의적으로 하는 행동이 아니다. 감정의 문제가 아니라 정보처리상의 문제라는 사실을 먼저 이해해야 한다. 'ADHD 자녀가 무엇을 해야 하는지, 어떻게 해야 하는지, 언제 해야 하는지, 왜 그걸 해야 하는지' 등을 계속 기억해서 행동하는 것에는 어려움이 있음을 이해해야 한다.

아이의 기억 문제에 대해 ────

부모가 하지 말아야 할 것들

자꾸 잊어서 일어나는 일들이 '불순종이 목적'이 아니므로, 이런 모습에 화가 나도 쉽게 화를 폭발하는 것은 주의해야 한다. '말을 안 들어서 하는 행동'으로 느껴질 때는 오히려 부모가 어떻게 지시했는지를 점검한다. 부모가 한 지시를 당연히 기억할 것으로 기대했다면 부모의 기대를 버리고 ADHD 자녀에게 적합한 방식으로 바꿔야 한다.

부모가 해야 할 것들

일상생활에서 해야 할 일들을 자꾸 까먹는 것이 기억의 문제라고 해서 그냥 두어서도 안 된다. 부모는 자녀가 일상생활에서 잊지 않고 스스로 챙기는 훈련을 하도록 도와주어야 한다.

ADHD 자녀에게 지시하거나 일상생활의 지침을 알려줄 때 명심할 것은 '들으면 잊고, 보면 기억한다'라는 사실이다. 지켜야 할 사항들을 무조건 말로만 하지 않는다. 집안의 한 면을 화이트보드로 만들자. 혹은 화이트보드를 하나 장만하자. 그곳에 해야 할 목록을 적는다. 자꾸 글이든 그림이든 시각화해야 한다. 듣는 건 쉽게 잊지만 읽으면 새롭게 기억할 수 있다.

한 번에 하나를 연습한다. 동시에 여러 개 하려는 욕심을 버린다. 자녀가 그렇게 원하더라도 작게 연습하는 것이 더 좋다. 부모가 지시하지 않아도 될 정도면 다른 목록으로 바꾼다. 활동 선택은 자녀가 하면 더욱 좋다.

아이에게 '할 일'을 같이 따라 말하도록 연습시킨다. 부모가 지시한 것을 보여준 후 자녀가 그것을 자기 말로 말하게 한다.

계획적인 생활에서 까먹는 일이 많으므로 매일의 활동목록을 시간과 함께 적어둔다. 자신이 한 활동은 지우거나 표시해둔다.

ADHD 자녀들이 이러한 약속을 아무 보상 없이 지킬 거라 생각하지 말자. 지겨운 게 싫은 자녀들은 매우 유혹적이고 자극적인 강화물이 없으면 잘 움직이지 않는다. 강화물은 자녀가 좋아하는 것으로 선정한다. 강화물을 주는 시기는 너무 빨라도 너무 늦어도 좋지 않다. 너무 빠르면 자녀가 한 행동을 숙달하기도 전에 보상받게 되어 좋지 않고 너무 느리면 자녀가 오래 견디는 것을 힘들어해서 중도에 포기해버릴 수 있다. 강화를 주는 시기는 자녀의 이런 점을 염두에 두고 적절한 시기를 고른다. 보통 처음에는 1-2주 정도 사이에는 강화물이 있어야 다음 활동으로 연습할 수 있다.

언제까지 이렇게 하는지를 궁금해하는 부모들이 있다. 고학년이 되면 아이 스스로 해야 한다는 생각에서 말이다. 정답은 자녀가 할 때까지다. 사춘기가 되면 이런 개입도 쉽지 않다. 그 전에 할 수 있는 만큼 숙달하도록 도와야 한다. 남들 하듯 따라서 하면 되지 않나는 생각은 버린다. 아이는 그럴 마음도 없고 그런 방법도 잘 모른다. 하나씩 알려주고 연습해야 한다.

생각이 붕붕 떠다니듯 집중하기 어렵다면

ADHD 자녀와 힘든 일 중 하나가 숙제를 시키기다. 그래서인지 방학이나 시험이 없을 때는 그나마 마음 편하다는 부모님들이 꽤 많다. 부모가 공부를 시켜야 하는 압박에서 좀 벗어나기 때문일 게다. 반면 새 학기가 시작되거나 시험이 다가오면 또다시 시작될 전쟁에 두렵다. 특히 일하는 엄마들은 ADHD 자녀와 저녁에 와서 눈 마주치고 정겹게 이야기하는 시간을 낸다는 걸 꿈꾸기도 힘들다. 자녀의 숙제나 시험 준비를 시켜야 하는 부담감에 집으로 향하는 발걸음이 무겁기만 하다.

다들 호소하는 말들은 똑같다. 10분이면 할 과제를 1시간, 2시간 걸려 하니 아이도 힘들고 부모도 지친단다. 맘먹으면 빨리 해치울 과제를 왜 그렇게 질질 끄는지 모르겠다고 하소연한다. 공부만 하자고 하면 징징거려서 그 소리 듣기가 더 힘겹다. 졸린다며 수시로 들락거리면서 그 짧은 숙제를 반나절 걸려 마칠 때에는 아이도 부모도 너덜너덜해진 기분이다. 윽박질러서 부모의 화가 꼭대기까지 올라야만 간신히 하는 모습이 납득되지 않는다.

부모가 옆에 없으면 아이는 수시로 들락거리고 딴전을 부린다. 왜 동생만 놀고 있냐고 투정이다. 책상에 앉아 있는 자세도 삐딱하다. 엎드려서 읽거나 쓰려 한다. 글씨도 엉망이다. 공부 시간이라고 알려줘도 '조금만 있다가' 식으로 계속 미룬다. 약속한 과제 양도 다 마치기 힘들다. 줄여줘도 더 줄여달란다. 시험을 준비시키다 보면 아이는 집중이 안 되니까 계속 내용을 모르는데 가르치는 부모만 더 똑똑해지는 기분이다.

밖에서 무슨 소리라도 들리면 간섭하기 일쑤다. 누구라도 오면 잽싸게 나오고 부모나 형제들이 하는 말에 쓸데없이 응수를 둔다. 아이가 앉아 있다고 공부하는 것도 아니다. 가만히 있기는 하지만 과제는 제대로 풀어져 있지 않다. 혼자 히죽거리고 딴 생각에 빠져 불러도 대답도 없다. 책상에는 기가 막히게 앉아 있는데 막상 해놓은 과제가 없다. 빈둥거리고 시간 낭비하는 모습에 부모는 기가 막히고 화가 난다. 어떨 때는 안쓰럽기도 하다. 공부와 씨름하느라 아이는 진짜 하고 싶은 놀이도 못한다. 빨리 다 하고 놀면 되는데 질질 끌어서 놀게 하고 싶어도 놀 수 없는 상황이 되는 것이다. 공부를 제대로 못하면서 하고픈 놀이도 제대로 못하는 아이를 보고 있자면 한편으로 측은하다. 그러다가도 빨리 숙제를 끝내면 기분 좋게 놀 수 있을 텐데 그러질 못하는 아이가 야속하다.

자녀들의 집중력이 하루아침에 높아지는 건 아니다. 영유아기 시기에는 어느 정도 ADHD 자녀와 비슷한 모습을 보이곤 한다. 처음부터 엉덩이가 무겁지 않다. 혼자서 과제를 꾸준히 하는 것도 버겁다. 나도 아이를 키우면서 깨달은 것은 자녀가 스스로 집중하는 법을 터득해가지는 않는다는 사실이다. "집중해라."는 말을 듣기만 했지 막상 집중하는 방법을 모른다. 어떤 모습이 집중하는 것이고, 산만한 것인지 구별하기도 어렵다. 배우진 못한 채 '집중하지 못하는 모습'에 대해 자주 꾸중을 들으면 아이는 집중이 무언지도 모르면서 '아, 난 집중을 못하는 아이구나'라고 스스로 낙인찍는다. 꾸중 듣는 건 싫어서 바꾸려 해도 방법을 모르니 화내는 엄마가 원망스럽다. 어릴수록 자신의 마음도, 표현하는 방법도 잘 모르니 아이는 위축되기만 하다. 그러다 훈련을 통해 일반 자녀의 집중력은 꾸준히 성장해간다. 해마다 명확한 개념과 꾸준한 훈련을 통해서야만 집중 태도가 자란다. 내 아이도 십 대가 훌쩍 넘은 나이지만 여전히 배워간다. 끊임없이 유혹거리가 많은 십 대라 그것을 조율하고 자극에서 집중을 유지하기는 전보다 힘들 때도 많다.

ADHD 자녀가 어릴 때는 집중력 문제를 의심하기 힘든 경우도 많다. 허용적인 분위기에서 자녀를 키우는 부모라면 더욱 뒤늦게 알 가능성이 높다. 본격적인 학업을 준비시키기 전에는 주로 자기가 좋아하는 활동을 하기에 꽤 높은 집중을 보인다. 그래서 뒤늦게 자녀가 ADHD임을 알고 당황하는 부모도 많다. ADHD 자녀들이 영유아기 시기에 블록을 갖고 놀거나 집짓기 등 조립 활동에서 꽤 높은 집중을 보이기도 한다. TV와 컴퓨터를 다루는 기술이 뛰어나고 한 번 빠지면 엄청 몰입한다. 이들에게 이러한 기기들은 엄청난 매력이다. 이런 분야에서 보이는 능력은 매우 탁월하기까지 하다. 반짝거리는 눈빛과 열정을 보이기도 한다. 그에 비해 책상 과제는 그야말로 졸리다. 그래서 '공부만 하면 졸려 한다'는 문제로 부모와 실랑이가 자주 생긴다.

어떤 모습인가?

- 책상에 앉아서 하는 과제를 힘들어한다.
- 공부와 상관없는 자극을 무시하지 못한다.
- 집중 시간이 또래에 비해 짧다.
- 과제를 대충 해버리고 끝내려 한다.
- 오류를 다시 살피거나 수정하려 않는다.
- TV, 컴퓨터, 휴대폰, 비디오게임 등에서는 높은 집중력을 보인다.

도대체 왜 이럴까?

1. ADHD 자녀가 가장 힘들어하는 활동은 '선택적 주의집중

(selective attention)'이다. 선택적 주의집중은 여러 자극 중에서 집중해야 할 과제에 집중하는 능력이다. 이는 다른 말로 '불필요한 자극을 무시하는 능력'이기도 하다. 아이가 부주의하는 이유는 무시해야 할 대상을 무시하기 힘들어서 집중에 방해를 받는 것이다. 이런 방해 요인을 스스로 제어할 줄 아는 능력이 부족하다.

2. 집중과 관련된 주요 문제양상 중 하나가 오래 유지하는 것의 어려움이다. 이를 '연속적 주의집중(sustained attention)'이라 부른다. 한 과제를 끝마칠 때까지 집중을 유지하는 걸 말하는데 부주의한 아이들은 시간이 길어지면 쉽게 힘들어한다. 잠깐 동안은 번득이는 집중을 보이는데 쉽게 피로해지고 급속도로 집중이 떨어지는 모습을 보인다. 과제 실수가 급증하고 대충 해버리며 딴짓을 하고 몸을 배배 꼬는 등의 양상이 나타난다. 일정 시간을 참고 끝까지 해내려는 능력이 부족하다.

3. ADHD 자녀가 가장 견디기 힘든 일은 지겨움을 버티는 거다. 이들이 반복적이고 뻔한 활동에서 쉽게 몰입하기 힘들어하는 이유는 지겨움을 견디지 못해서다. 지겨운 과제는 이들의 뇌를 졸리게 한다. 그래서 자극적이고 새롭고 신기하지 않으면 뇌가 활발하게 활동되지 않는다. 공부는 반복이 필요한데, 이들에게 반복은 지겨움이 되니 공부가 참 쉽지 않다.

이들을 이해하기 위해 꼭 알아두어야 할 점

ADHD 자녀가 공부나 과제를 할 때의 기분은 '고문을 당하는 기분'이다. 참기 힘든 걸 참고 있다는 점을 이해해주어야 한다. "그 정도도 못 참느냐.", "집중을 그렇게 못해서 어쩌냐." 식의 핀잔은 전혀 도움이 되지 않는다. 그렇다고 모든 영역에서 '집중'이 어려운 게 아니다. 자신이 원하는 영역에서는 집중한다. 그것도 아주 잘한다. 반면 싫은 영역, 원치 않은 영역에서는 집중을 위한 전원을 끄는 듯하다. 아예 시도도 안 한다. 이처럼 호불호가 명확한 경우가 많다. 좋아하는 영역에서도 난이도가 복잡해지면 집중을 힘들어할 수도 있다.

아이의 부주의함에 대해 ————

부모가 하지 말아야 할 것

절대로 하지 말아야 할 것은 혼자 내버려 두는 것이다. 아이가 알아서 했으면 하는 부모의 마음은 알지만 이들은 설사 그러고 싶어도 제대로 하기가 힘들다. 집중 능력도 떨어지고 방법을 모르기 때문에 누군가의 점검과 감독이 반드시 필요하다. '혼자 스스로 하는 아이'에 대한 로망 때문에 많은 부모들은 이렇게 봐주면 아이가 절대 혼자 하지 못하게 될까 봐 걱정한다. 부모가 이들에게 혼자 하라고 하는 것은 자율을 길러주는 것이 아니라 방임을 하는 거다. 일반 아동과 똑같이 생각해서는 안 되는 점도 바로 이 부분이다.

또 하나 부모가 하지 말아야 할 것은 어수선한 환경을 만드는 것이다. 아주 깔끔하거나 정리정돈이 완벽할 필요는 없다. 하지만 ADHD 자녀의 공부 환경이나 무언가 집중이 필요한 과제를 할 때는 분명 단순하고 깨끗한 환경이 필요하다. 과제를 할 공간은 최대한 단순하게 만든다. 꼭 필요한 물품 외에는 없는 것이 자극을 줄여서 방해를 줄이는 환경이 된다.

마지막으로 부모가 하지 말아야 할 것은 자녀의 지겨움을 방치하는 거다. 자녀는 지겨우면 멈춘다. 매 순간 새로울 수는 없지만 덜 지겨워할 수 있도록 다양한 강화물을 준비하거나 공부 방법을 바꿔주는 것이 필요하다.

부모가 해야 할 것

먼저 집중 시간을 ADHD 자녀의 수준에 맞는 적정 시간으로 잡는다. 현재 가능한 집중 시간을 알아본다. 되도록 짧게 하고 쉬는 시간을 갖는 방안이 좋다. 부모 마음에는 한꺼번에 다 하고 쉬었으면 하지만 그런 ADHD 자녀는 없다. '짧게 집중하고 쉬기'의 원칙은 뇌의 지겨움을 방지하기 위한 거다.

앞서 말했듯이 부모가 아이 혼자 공부할 것을 기대하지 말고 감독과 격려를 주어야 한다. 과제를 하고 있을 때 부모가 옆에서 모르는 것을 가르쳐주라는 말이 아니다. ADHD 자녀가 혼자 주의를 유지하거나 집중할 내용을 못 찾는 경우가 많으니 이를 도와주자는 거다. (이와 관련된 내용은 '공부는 포기해야 하는 영역이 아니다'(177쪽)를 참조하자.) 집중에서 벗어날 때 어떤 모습이 집중을 못하는 모습인지 이해하고, 신호를 줘서 집중을 유지해가는 것을 배우게 하고, 과제 성공을 통해 집중의 어려움을 극복하려는 동기를 키워줄 수 있다. 함께해서 훈시를 두라는 말이 아니라 일반 아동보다 더 힘겨운 과제를 하는 자녀의 마음을 지지해주고 격려해서 완주하도록 돕는다.

바깥 소음이나 주변 자극에 쉽게 동요되는 자녀라면 귀마개도 도움이 된다. 이어폰 형식으로 귀에 꽂아서 바깥 자극을 차단하는 방법이다. 혼자 공부해야 할 때 귀마개를 활용하면 유혹이 줄어서 집중이 훨씬 수월하다.

또, 타이머를 사용하자. 집중 시간을 정해 알람을 울린다. 과제를 알려주는 알람이 필요하듯 쉬는 시간을 알리는 알람도 필요하다. 과제를 얼마나 집중했는지, 게임을 얼마나 했는지 등을 기록하여 시각적으로 보여주는 것이 좋다. 모눈종이에 집중 시간을 분 단위로 표시해놓고 수행 변화를 그래프로 제시해주는 것이 자신의 모습을 객관적으로 볼 수 있어 도움이 된다.

ADHD 자녀가 집중해야 할 내용에는 형광펜이나 사인펜으로 강조를 해놓는 게 좋다. 스스로 어떤 내용이 중요한 단어고 아닌지를 판가름하기 힘들기 때문이다. 중요한 부분을 부모가 같이 표시해주고 아이 혼자 공부할 때는 그 부분을 집중해서 보는 훈련이 필요하다. 아이 혼자 아무런 표식이 없는 글에서 중요한 강약점을 찾기 힘들다는 사실을 이해하자.

ADHD 자녀의 정보처리 능력에서 어떤 부분이 더 우수하고 열악한지를 아는 것도 중요하다. 집중하기 어려운 과제 형태가 시각적 정보인지 아니면 청각적 정보인지 혹은 둘 다인지에 따라 접근은 달라진다. 시각적 주의력에서 더 어려움을 호소하는 아이들은 책 보기가 여간 힘든 게 아니다. 대신 청각적 주의력이 좋다면 읽어주고 이해하면서 내용 확장을 돕는 방법이 좋다. 역으로 청각적 주의력이 떨어질 경우 수업을 계속 듣기 형태로만 유지되면 몹시 힘겹다. 이 경우 시각적 주의력이 좋다면 글, 사진, 그림 등 시각 정보를 동시에 제공해서 주의를 이끌어갈 수 있다. 둘 다 떨어지는 경우는 집중이 상당히 어렵고 공부가 그만큼 더 힘겨울 수밖에 없다. 이 점을 이해하고 작게 작게 접근해가는 것이 필요하다. 부모는 자녀가 주의력 양상이 어떤지 강약점을 명확히 알아야 한다.

주의력결핍 증상

부주의한가요?

☐ 나는 학교 과제나 작업, 기타활동 시 세부사항에 주의를 기울이지 못하거나 조심성이 없어 실수를 자주 일으킨다.

☐ 어떤 일이나 놀이를 할 때 지속적으로 집중하기가 어렵다.

☐ 다른 사람이 말할 때 주의를 기울이지 않는 것처럼 보인다.

☐ 지시를 따르거나 학교 과제, 집안일 등을 끝까지 하는 것이 잘되지 않는다.(반항적인 행동도 아니고 지시를 이해하지 못해서도 아니다.)

☐ 과제와 활동을 조직하는 것이 어렵다.

☐ 지속적으로 정신적 노력이 필요한 과제(숙제나 학업)에 참여하기를 피하거나, 싫어하거나, 원하지 않는다.

☐ 과제나 활동을 위해 필요한 물건들(연필, 책, 학교 숙제, 도구 등)을 잃어버린다.

☐ 외부자극에 쉽게 산만해진다.

☐ 매일의 일상 활동들을 자주 잊어버린다.

전체 _____

과잉행동-충동성 증상

산만한가요?

☐ 손발을 가만히 두지 못하고 의자에 앉아서도 계속 몸을 움직인다.

☐ 교실이나 자리에 있어야 하는 상황에서 앉지 않고 돌아다닌다.

☐ 그러지 않아야 하는 상황에서 자주 뛰어다니거나 기어 올라간다.

(청소년기에는 안절부절못한 느낌만 있을 수 있다.)

☐ 놀이나 취미 활동을 조용히 하는 것이 힘들다.

☐ '계속 움직이고 있는' 또는 '자동차에 쫓기는 듯한' 행동을 한다.

☐ 나는 말이 너무 많다.

충동적인가요?

☐ 질문이 끝나기도 전에 성급히 답을 말한다.

☐ 내 차례를 기다리는 것이 무척 어렵다.

☐ 게임이나 대화에 자꾸 끼어들어 다른 사람들을 자주 방해한다.

전체 _____

ADHD로 진단받기까지는?

〈위의 내용은 DSM-IV에서 나온 ADHD 진단기준에 대한 내용이다.〉

• 주의력결핍 증상이나 과잉행동-충동성 증상 중 6개 이상이 최소 6개 월 이상 나타난다.

• 이러한 증상이 1가지라도 만 7세 이전에 시작되어야 한다.

• 증상으로 인해 장애가 2가지 이상의 상황(집이나 학교 등)에서 나타나 야 한다.

• 사회적, 학업 수행 또는 직업적 기능에서 심각한 장애를 초래해야 한다.

Chapter_04

내 아이와 행복해지는 데
ADHD는
결코 걸림돌이 아니다

현실적인 문제 앞에서
ADHD 아이를 도울 수 있는 솔루션

부모와 자식의 관계도
다시 출발선에 세우자

" 송민이와 나들이 길을 나왔다. 쉽지 않은 결단이었다. 송민
이와 함께 나 혼자 나온다는 것 자체가. 아빠도 송민이와 나가기만 하면
싸우고 씩씩거리고 들어오는 마당에 나 혼자는 당연히 감당이 안 된다.
송민이와 외출하는 건 버겁지만 방학이기도 하고 집에서 심심하다고 방
을 헤집고 다니게 두는 것보다 바깥에서 푸는 게 나을 것도 같았다. 마침
남편도 출장을 가서 나 혼자 아이와 나온 것이다.

밖에 나온 송민이는 마냥 기분 좋다. 아니 마구 흥분되어 있다.

이런 흥분된 표정이 날 피곤하게 만든다. 저 에너지를 어떻게 따라갈까

싫어 겁이 난다. 밖으로만 나오면 아이의 행동반경은 더 커진다. 내 곁에 얌전히 따라 다니면 좋겠지만 이미 그건 포기다. 내 반경 몇 미터 내외만 있으면 다행이다 싶다. 가만히 있는 게 힘든 아이라 붙잡고 있으려면 내 힘만 빠지니 나도 반은 포기다. 다만 남을 치고 다니거나 물건을 만져서 다른 사람들 눈에 띄지만 않았으면 하는 바람이다. 근데 이것도 나의 욕심인가 보다.

송민이는 오늘도 어김없이 사고를 친다. 전철역사에서 표를 끊으려는 내 옆에서 자동판매기 버튼을 마구 누른다. 엄마가 끊을 때까지 잠시 기다리라 해도 기다리지 못하고 표가 어디 나오나 몸을 구부려 보고 발로 통통 치고 화면을 누르고 번잡스럽게 군다. 뒤에서 기다리는 사람의 낯빛이 찡그려지는 것이 느껴지니 창피함에 등에 땀이 쫙 오른다.

"그만해. 표가 나올 때까지 기다려야 하잖아. 이건 공용이야. 네 것도 아닌데 망가뜨리려고 작정했어?"

내 목소리는 점점 앙칼져간다. "알았다구!" 송민이도 기분이 상해서인지 짜증 섞인 목소리다. 또 서로의 감정에 금이 가는 소리가 들린다. 왜 내겐 아들과 기분 좋은 나들이가 안 될까? 오늘도 이렇게 망친 기분으로 다닐 생각에 발걸음이 천근만근이다.

착잡한 마음을 추스르고 지하철 플랫폼에 앉아 기다리는데 송민이는 이미 왔다갔다 정신없다. 다행히 스크린도어가 설치되어 있어서 망정이지 아니면 손을 잡고 이리저리 뛸 판이다. 잠시 정차역을 찾아보고 있는 순간 송민이가 사라졌다. 어디 갔나 놀라 기웃거리는데 갑자기 어디선가 사이렌 소리가 났다. 얼굴이 백짓장이 되어 뒤돌아보니 저쪽 기둥 앞에서 하얗게 질린 표정으로 송민이가 서 있다. 비상벨 소리였다.

나도 송민이에게 달려가고 주변 사람들이 수군대며 모여 들었다. 급히 내려온 직원은 다급히 무슨 일인지를 묻는다. 나 또한 영문을 모르는 일에 놀라 송민이에게 무슨 일이 있었는지 상황을 전혀 파악할 수 없었다. 송민이는 "제가 그러지 않았어요. 전 아니에요."라는 말만 반복하며 놀란 표정이다. 상황을 보니 송민이가 무슨 짓을 한 건 분명한데 나도 뭐가 뭔지 몰라서 당황스럽다.

나보다 빨리 상황을 파악한 직원은 송민이에게 "이 녀석, 네가 이 벨을 눌렀지? 이건 함부로 만지는 게 아니야. 이것 때문에 지하철도 다 늦게 출발하고 여기 사람들도 다 놀랐잖아."라며 꾸중한다. 그 순간 내 얼굴이 후끈 달아올랐다.

"네가 그랬어? 빨리 말해!"라는 나의 엄포에 송민이는 "그냥 뭔가 싶어 눌렀어요…."라며 말끝을 흐린다. 머리를 쾅 하고 맞은 기분이었다.

'그래. 오늘도 기어이 또 나를 망신시키고 마는구나. 너는.'

직원에게 죄송하다는 말을 수십 번 한 듯싶다. 그런 다음 지켜보는 사람들의 시선을 피해 화장실로 왔다. 거의 정신을 잃는 기분이었다.

"너 때문에 창피해서 어딜 다닐 수가 없어. 도대체 왜 이렇게 문제만 일으키는 거야? 너 엄마가 소리쳐서 엄마에게 화났다고 그거 누른 거야? 엄마랑 나오기 싫은 거지? 정말 너랑 어디를 같이 다닐 수가 없어. 다시 집에 가자. 엄마는 이런 기분으로 갈 수 없어. 이건 다 네가 망쳐놓은 거야."

아무 말 못하는 송민이를 흔들며 쉴 새 없이 호통을 쳤다.

집에 간다는 말을 듣는 순간부터 울고불고 난리 치는 송민이를 뒤도 돌아보지 않고 나는 다시 전철역을 나왔다. 집으로 향하는 버스에 어떻게 탔는지 기억도 나지 않는다. 울며불며 나를 따라오는 송민이의 모습도 보기 싫었다.

'다 네가 저지른 일이야. 엄마가 언제까지 이렇게 너 때문에 창피해야 하니? 언제까지 그런 행동을 참아줘야 해?'

집에 와서도 나는 내 방으로 들어갔고 송민이가 어떻게 했는지 기억나지 않는다. 기분 좋게 시작된 외출이 아이 때문에 늘 엉망이 된 일들이 처음도 아닌데 매번 당하는 기분이다. 또 정신 차리지 못하고 송민이에게 아니 내게 속았구나 하는 깊은 후회가 밀려온다. 언제까지 이렇게 살아야 하는 걸까? 내 신세를 한탄하게 된다. 난 꼴도 보기 싫은데 송민이는 벌써 내 앞에서 얼쩡거린다.

"엄마, 미안해요…. 잘못했어요…."

매번 쉽게 반복하는 아이의 말도 더 이상 위로되지 않는다. 내 몸에 비비적거리며 다가오는 것도 싫다. 나는 아직 마음도 풀리지 않았는데….

이제 9살, 곧 10살이 될 아이에게 내가 너무 많은 것을 바라나? 난 그렇지 않다고 생각되는데, 그런 기본적인 상식도 이해 못하는 아이인가? 왜 우리 애만 저렇게 남 앞에서 창피한 행동을 되풀이하고 위험한 행동을 할까? 이해가 되지 않는다. 도무지…. 하필 내 자식이 이렇다니 너무나 밉다. 오늘 같이 여러 사람 앞에서 이런 사고를 치는 날은 더욱 밉다. 다가오는 내 아이를 밀치게 된다. 내 마음의 골은 깊은데 자기 맘 풀렸다고 저렇게 화해를 하려 청하다니.

송민이가 내 자식인 게 밉다. 그리고 이런 마음이 드는 나 자신도 싫다. 언제까지 난 아들과 이런 관계로 지내야 하나…. 이건 내가 원하던 관계는 아닌데…. 아, 너무 속상하다.

생각보다 깊게 내린
미움이란 감정 뿌리 ————

내 자식이라고 항상 예쁘기만 할까? 자식의 입장에서는 절대 느낄 수 없는 감정인데, 나도 부모가 되어 보니 자식도 자식 나름이라고 같은 배에서 태어나도 더 예쁜 자식이 있을 수 있다는 사실을 알게 되었다. 안 아픈 손가락은 없지만 더 예쁜 손가락은 있을 수 있다는 사실을.

자식이 하는 행동이 나를 힘들게 하면 당연히 미운 감정이 생길 수 있다. 지극히 자연스런 감정이다. 나는 감정에 관해 자연스럽다는 말을 많이 사용한다. 왜냐하면 많은 부모님들이 자연스런 감정을 지나치게 죄책감으로 해석하는 경우가 많기 때문이다.

송민이 엄마처럼 자식이 밉다는 고백은 참 솔직한 편이다. 미워하면서 미워하지 않는다고 말하는 부모보다 훨씬 건강하기 때문이다. 자신의 감정을 정확하게 느낀다는 사실만으로도 상담에서는 진일보

했다고 본다. 부모도 이기적인 속성이 있는지라 자식이 자신을 힘들게 하면 당연히 미워진다. 그래서 내 말을 잘 듣는 자식을 좋아할 수밖에 없다.

ADHD 자녀를 둔 부모 중에는 이런 미움이 일찍 싹터서 뿌리가 깊은 경우가 많다. 송민이의 에피소드에서 송민이 엄마는 송민이가 조금만 거슬리는 행동을 해도 화낼 준비가 되어 있다. 이는 그만큼 엄마가 아이로 인해 일상에서 갈등이 많았고 감정이 상해 있는 거다. 그래서 송민이 엄마는 아이의 행동에 꾸짖는 말이 반사적으로 나가고 협박하거나 또 잘못을 저지른다고 쉽게 생각해 화를 내게 된다. 송민이 엄마의 화가 처음에는 정당한 것 같다. 그런데 화라는 게 자꾸 반복되다 보면 습관적이 되고 더 강렬해진다. 부모의 입장에서는 충분히 송민이 엄마처럼 화산이 폭발하듯 화나는 것에 공감이 간다.

그런데 사람은 화를 자꾸 내다 보면 화나는 자신에 대해 불편해진다. 그래서 화를 자꾸 내게 만드는 바깥 이유를 찾게 된다. 그게 송민이 엄마의 경우 송민이가 된 것이다. 송민이 때문에 화가 나고 그래서 만사가 엉망이 되었다고 여긴다. 그렇게 따지면 ADHD 자녀가 일으키는 행동들은 모두 부모를 화나게 만드는 요소뿐이다. 그래서 자식이 자꾸 미워질 수밖에 없다. 미움을 알지만 계속 미움이 커지면 그 아이 전반이 싫어진다. 미움은 부모 자신에게도 독이 된다. 자식보다 더 오래 미움을 갖고 독을 품고 있게 된다. 그러면 자식은 부모가 나를 미워한다는 것을 느끼게 되고 부모로부터 거절당하는 경험을 하게 된다. 송민이처럼 다가가고 싶지만 거절당하는 모습들로, 부모 자녀 관계가 나빠지게 된다. 이것은 막아야 한다. 미울 수 있지만 그 감정을 다스리고, 극복할 수 있는 방법을 찾아야 한다.

이러한 악순환을 끊기 위해서 부모가 반드시 기억해야 하는 점은 ADHD 자녀가 하는 행동이 목적을 갖고 하는 행동이 아니라는 점이다. 어떤 목적을 가지고 실수를 저지르거나 비난 받을 행동을 하는 게 아니다. 그러니 아이의 마음도 오죽 힘들까? 자신은 일부러 그러는 게 아닌데 부모를 비롯한 주변 사람들이 자꾸 그런 시각으로 바라볼 때 답답할 뿐이다. 그래서 ADHD 자녀들이 나이가 들수록 억울한 감정이 많다. 송민이만 해도 자꾸 자판기를 건드리거나 같은 말을 반복하거나 생소한 벨을 보면 누르는 것이 남을 불편하게 하려는 의도는 아니기에 잘못이었다는 결과를 알 때마다 자신도 곤혹스러울 거다.

이 ADHD 자녀의 심정을 이해하면서 새롭게 부모와의 관계를 만들어 보자. 어그러진 관계를 다시 개선해보자. 미움의 싹이 더 자라고 뿌리를 내리기 전에 빨리 거두어내자.

오랜 골이 파인 관계를
회복하기 위해 ─────

그 첫 단계는 ADHD 자녀에게 하던, 반복해도 변함이 없던 옛 방식들을 과감히 벗어버리는 거다. 행동 후 말로 협박하거나 가르치는 건 이미 소 잃고 외양간 고치는 식이다. 송민이 엄마는 대부분 송민이가 이미 저지른 잘못을 훈계하는 행동을 했다. 이런 방식을 버리자.

대신 새로운 방식으로 갈아입자. ADHD 자녀의 행동에는 분명 한계가 있다. ADHD 자녀가 보이는 한계를 바꾸려 하지 말고 수용하자. 송민이처럼 가만히 기다리기 힘든 아이에게 기다리는 상황을 주기보다는 주도적으로 뭔가 할 수 있게 하는 게 낫다. 부모가 티켓을 끊기보다 자녀가 직접 해보게 하면 엉뚱한 것을 덜 만질 것이다. 혼자 돌아다니는 ADHD 자녀를 방치해서는 안 된다. 특히 새로운 곳일수록 호기심이 발동해서 무엇이든 만지고 싶은 충동이 크다. 이런 특징을 이해하고 문제를 일으키지 않도록 곁에 있어야 한다. 그렇다고 ADHD 자녀를 감시하듯 있지 말고 함께 있는 분위기로 말이다.

이미 오랜 골이 파인 부모-자녀의 관계를 개선하기 위해서는 부모가 먼저 자녀의 잘하는 점을 보려는 노력이 필요하다. 이렇게 말하면 많은 ADHD 부모들이 잘하는 점을 찾기가 어렵다고 말한다. 처음에는 한 달에 한 번만 모든 부정적인 말들을 피하거나 오직 잘한 것만 말하는 날을 정한다. 그날만큼은 아이에 대해 긍정적인 감정을 느끼는 연습을 해본다. 매주 수요일을 가정의 날로 훈련하듯 한 달에 하루를 그런 이벤트 날로 잡아 시도해본다. 이런 시도를 통해 부모는 자녀에 대한 긍정적 감정을 점차 회복하고 또한 자녀의 부적절한 행동을 무시하는 게 얼마나 좋은지도 경험하게 된다.

이런 이벤트가 비교적 잘 이루어진다면 좀 더 구체적으로 ADHD 자녀의 잘하는 모습에 초점을 두는 연습을 해보자. ADHD 자녀의 문제가 심각해서 칭찬거리를 찾을 수 없다면 주머니에 칩 10개를 가지고 다니면서 칭찬할 때마다 칩을 몰래 하나씩 없애는 연습을 해본다. 아주 사소한 모습들을 칭찬한다. 이때 명심할 것은 '당연하다'라는 생각을 지우는 것이다. 이 생각 때문에 부모는 칭찬에 인색해지기 때문이다. 아침에 일어나고, 식탁에 앉아서 밥을 먹고 차에 바르게 타는 모습 등을 칭찬하겠다고 마음먹고 시작해본다.

그런 다음 자녀의 칭찬 리스트를 적어본다. 부모는 ADHD 자녀의 잘한 점을 자꾸 잊는다. 그들의 큰 실수들로 인해 장점이 자꾸 가려진다. 그래서 부모는 이미 자녀의 나쁜 것만 떠올리는 습성에 빠져 있다. 이를 벗어나기 위해 의식적으로 칭찬을 적어보는 연습이 필요하다. 의도적으로 사랑을 결심한다. 이런 연습에 죄책감을 느끼지 않기를 바란다. 어떤 어머님들은 그렇게 우러나지 않은 사랑은 가짜니까 아이에게도 전해지지 않냐고 반문한다. 물론 아이도 안다. 그래도 사랑의 속임수는 속으면서도 행복하다. 부모도 연습을 통해 숙달되면 자연스런 마음이 생긴다. 뇌가 그렇게 이끌어간다. 생각하는 방식대로 느끼게 이끈다. 그러니 억지로 칭찬하거나 사랑하는 태도에 미안해하지 말고 당당하게 해라.

마지막으로 칭찬하는 순간 ADHD 부모나 자녀가 서로 즐거워할 수 있는 시간이 되도록 한다. 잘한 점을 말할 때 100%로 긍정하자. 부모가 왜 칭찬하는지 이유를 대거나 부정적인 말을 섞으면(예를 들어, '오늘 조용히 잘 기다려서 엄마가 참 기뻤어. 다음에도 이렇게 할 거지?') 칭찬이 아니라 훈계다. 훈계를 듣는 아이가 진정 즐거울 리 없다. 그냥 칭찬만 해주어서(예를 들어, '오늘 정말 조용히 잘 기다리던데. 엄마는 무척 기뻤어.') 아이가 더 잘해야 하는 부담을 느끼지도 않고 칭찬받는 그 순간이 무척 행복해야 한다. 그 행복감을 부모와 자녀가 충분히 함께 느낄 수 있어야 한다.

그 어떤 자녀도 비난을 통해 배울 수 없다. 고통을 주는 사랑이 되지 않기 위해서는 자녀가 원하는 사랑을 고민하며, 그 사랑을 충족해주어야 한다. 부모가 먼저 맞춰서 사랑을 주자. 그러면 부모-자녀 관계는 반드시 좋아진다. 믿기지 않으면 실제로 해보자. 다시 시작되는 사랑을 분명 보게 될 것이다. 많은 부모들이 고백했듯이 말이다.

일상생활에서
갈등을 줄여나가자

> ❝ 워킹맘으로서 아이를 키우는 것도 쉽지 않은데 ADHD 양상이 있는 내 아이는 더 나를 힘겹게 한다. 아침부터 떠지지 않는 눈으로 아침준비에 외출준비까지 하려면 손이 열 개라도 부족하다. 그런 내 마음과는 상관없이 경호는 혼자 일어나지도 못하고 애써 깨워 놓으면 멍하니 화장실에 서서 빈둥거린다. 1분 1초가 급한 아침에 저렇게 느긋하다 못해 아무것도 하지 않고 있는 아이를 하나부터 열까지 챙기기가 녹녹하지 않다. 남편이라도 도와주면 좋겠는데 술독에 빠져 잠에서 깨지도 못하는 날에는 나 혼자 전쟁이다.

화장실에서 멀뚱히 서 있는 아이에게 칫솔에 치약 묻혀 닦으라고 재촉이고 나서 내 옷을 챙기고 와보면 경호는 여전히 칫솔만 물고 있기 일쑤다. 경호의 시간은 물레방아 돌 듯 아주 천천히 가나 보다. 나는 LTE급으로 달리는데. 어제 준비해놓은 옷을 던져주고 나는 다시 화장대로 뛰어간다. 초간단 화장을 끝내고 와보면 티만 갈아입다 만 모습으로 경호는 어제 만들던 건담을 만지작거리고 있다. 늘 딴짓을 하며 시간을 끈다. 실랑이 끝에 씻고 옷 입는 데만 30분이 넘는다. 간신히 식탁에 앉혀서 급하게 국과 반찬 한두 개를 내놓으면 깨작거리고 책을 보려 한다. 꼭 만화책을 들고 와서 본다. TV를 못 보게 하니 만화책이라도 보겠다고 우긴다. 밥 먹는 것조차도 집중하지 못한다. 엄마 마음에 그래도 한술이라도 더 먹여야지 싶어 숟가락으로 아이 입에 밥을 욱여넣는다. 그러다 보니 나는 아침을 때우듯 급히 먹게 된다.

'알아서 먹을 나이인데'란 생각이 들지만 경호가 밥도 제대로 못 먹고 가는 걸 보기도 편치 않아서 어쩔 수 없이 어린아이처럼 먹여준다. 우여곡절 끝에 식사가 끝나면 그릇 좀 개수대에 옮기라고 해도 "네."란 대답뿐이다. 쫓기는 나를 비웃기라도 하듯 하염없이 노닥거리는 아이 모습에 화가 나서 나도 모르게 아이 등짝을 세게 갈긴다. 정신 못 차리는 아이에게 매밖에 답이 없다는 생각만 든다.

"아프다고! 왜 때리는데. 아침부터 화만 내고…. 꼭 마귀할멈 같아."

경호의 말에 또다시 열을 받는다.

"뭐라고? 엄마가 마귀할멈이라고? 엄마한테 그게 할 소리야? 누구 때문에 지금 이렇게 된 건데? 네가 빨리 일어나서 제때 제때 했으면 엄마가 이러겠어? 엄마가 꼭 쫓아다니면서 시켜줘야 돼? 네가 몇 학년이야? 이제 곧 3학년인데 알아서 할 수도 있잖아! 언제 옷 입고 언제 밥 먹고 나갈 건데? 너도 네 것은 스스로 할 나이 아냐!!!"

화가 나자 폭포수처럼 쏟아지는 속마음을 나도 멈출 수 없었다.

"알았다니까! 으씨!!"

경호도 기분 나쁜 얼굴로 쿵쿵거리며 현관을 박차고 나간다.

혹시나 해서 경호 방에 들어가 보면 역시 오늘 준비물 보조가방을 놓고 갔다. 특히나 내가 늦게 오는 날 다음 날에는 학교 준비물은 거의 챙겨 가지 못한다. 미리 사달라고 부탁하는 일도 없고 준비물이 뭔지도 관심 없는 경호인지라 내가 확인하지 않으면 없는 거나 마찬가지다. 경호에게 알아서 사 가라고 돈을 줘본 적도 있다. 그랬더니 가다가 돈을 잃어버리는 일도 부지기수다. 그러다가 나온 술책이 차라리 얼굴을 익혀놓고 문구점 아저씨께 외상으로 걸어두는 것이다. 내가 한꺼번에 지불하는 편이 낫다.

경호랑 다투고 출근하는 나라고 기분 좋겠는가. 간신히 회사로 가는 버스에 몸을 실으면 그제야 정신이 돌아온다. 왜 이렇게 아침부터 전쟁터가 되어야 하는 걸까. 워킹맘으로 늘 죄인 같은데 경호가 저렇게 자기 할 일을 못할 때마다 더 미안한 게 사실이다. 그러면서 언제까지 이렇게 지내야 하는가 하는 생각에 나도 짜증이 난다. 2학년 2학기가 다 가도록 경호가 자기 것을 챙기지 못하고 넋 놓고 있는 모습을 보이거나 물건을 자꾸 잃어버리고 숙제도 잘 챙겨가지 못할 때면 내가 집에 없어서 경호 증상이 더 심해지는 건 아닌지 자책이 든다. 내가 집에 있으면서 도와주면 혹시 낫지 않을까 하는 유혹 아닌 유혹에 빠진다.

집으로 돌아와 아이를 만나는 순간부터 난 또다시 전쟁을 벌인다. 그래서 가끔은 집에 들어가고 싶지 않다. 내 일은 내 맘대로 정리가 잘되는데, 도무지 경호는 내 맘 같지 않고 실패만 안겨주는 게 싫다. 아이에게도 나에게도 상처뿐인 전쟁을 반복하고 싶지 않은데 과연 어떻게 하면 되는 걸까?

답도 안 나오는 이 일상들을 해결할 방도가 내 안에 없는 것 같아 더 답답하다. 그래서 일로 빠져들고 싶고 그게 내겐 훨씬 쉽다. 그러다 밤늦게 들어가서 자고 있는 아이를 보면 가장 사랑스럽고 진정 미안한 마음이 든다.

엄마도 경호를 사랑하는데… 왜 눈만 뜨면 싸우게 될까? 경호와 나, 진정 평화로운 일상은 어려운 일인지 의문이다.

끝나지 않는 잔소리 폭탄으로
전쟁 같은 일상들 ————

ADHD 자녀와의 일상은 부모에게 전쟁터와 같다. 부모가 결코 이길 수 없는 전쟁이랄까. 상담실을 방문하는 부모들은 경호 엄마처럼 일상의 일들을 어떻게 손을 대야 할지 몰라 난감해한다. 상담자로서 듣고 있노라면 매일매일 그런 갈등을 할 때 ADHD 부모도 자녀도 얼마나 에너지 소모가 많을까 싶어 안타깝다. 워킹맘이든 주부이든 분명 ADHD 자녀와의 생활은 많은 에너지를 요구한다. 그렇다고 매일 이처럼 소모전을 해야 한다면 부모도 자녀도 얼마나 불행하겠는가! 최소의 에너지를 들여서 서로 행복하게 살 방법을 찾아야 한다.

워킹맘이 아닌 주부가 되어 ADHD 자녀를 돌본다고 자녀와의 전쟁이 사라지진 않는다. 반드시 알아야 할 사실은 '단지 줄여가려고 노력하는 거'라는 거다. 전쟁은 그리 쉽게 사라지지 않는다. 전쟁의 횟수와 정도를 줄여가려면 먼저 부모의 '굳은 결심, 의지'가 필요하다. 거저 얻어지는 건 없다. ADHD 부모의 가장 중요한 태도는 ADHD 자녀가 일상적인 일들, 특히 신변처리나 당연하다고 여기는 집안일을 도와주기 등을 '기분 좋게 하리라는 기대는 버리기'다. 아이는 불평 없이 움직이지 않는다. 아이의 불평을 없애려고 한다면 '불평하는 태도'를 꾸짖다가 '가르쳐야 할 행동'을 배울 기회를 놓치게 된다. 불평을 다루려 말고 불평을 수용하자. 불평을 받아주면 계속 더 심해질 거라고 걱정하진 않아도 된다. 시기는 아이들마다 다르지만 오히려 잘 받아주면 멈춘다.

ADHD 자녀가 기분 좋게 자신의 일을 하지 않을 것을 알았다면 이젠 어떻게 그걸 하게 만드느냐에 더 집중할 수 있다. 그리고 또 중요한 ADHD 부모의 태도는 '언성을 높이는 것'을 자제하는 것이다. 아마 부모도 그러고 싶은데 잘 안 되는 부분일 것이다. 부모도 별 소용이 없는 걸 아는데 자꾸 목소리를 높이게 된다. 왜 알면서도 자꾸 언성이 높아질까? 이것이 아이를 가장 쉽게 움직이게 하는 방법이기 때문이다. 부모도 최소의 에너지로 자녀를 다루고 싶다. 워킹맘의 경우 바쁜 마음에 아이와의 속도차를 견딜 수 없어서 소리 질러 재촉한다. 그런데 ADHD 자녀는 같은 말을 여러 번 해도 잘 움직이지 않는다. 그런 태도를 고치기도 쉽지 않다.

ADHD 자녀에게 바라는 것은 '고치는 게 아니라 좀 더 나아지는 거'다. 그러니 잘 움직이지 않는 자녀에게 소리를 치는 것은 부모 입만 아프게 하는 일이다. 매일 그 많은 일상 행동에 일일이 잔소리하는 건 부모에게도 정말 고역이며 심신의 고통이다. 게다가 어떤 행동을 하게 하려고 습관적으로 부모가 소리를 친다면 자녀는 '부모가 이렇게 목소리가 높아질 때까지 나는 하지 않아도 되는구나'라는 태도만 배울 뿐이다. 언성을 높여 잔소리하는 것의 결론이 이렇다면 이제 어떻게 해야 할까?

평화로운 일상, 불가능한 것이 아니다 ————

자녀가 움직이는 데 상당한 보상들이 필요하다. 특히 ADHD 자녀는 보상 없이는 잘하려 하지 않는다. 상담하다 보면 보상 없이 움직이지 않는 자녀 때문에 못 견디는 부모들이 많다. 마냥 어린애 같아서 속상하고 걱정도 되기 때문이다. 하지만 너무 속상해하지 말라고 당부하고 싶다. 2학년 경호만 해도 아직 큰 아이는 아니다. 중학생이 되어도 여전히 이런 모습인 ADHD 자녀가 종종 있다. 기름이 있어야 차가 움직이듯 보상을 수시로 줘야 행동한다고 생각을 고친 후, 아주 당연한 것부터 자꾸 칭찬해주자고 마음먹어야 한다. 왜냐하면 잘할 때마다 즉각적인 보상이 필요한 아이들이니까.

보상이 꼭 물질일 필요는 없다. 칭찬이나 격려 같은 언어 보상도 큰 도움이 된다. 자녀가 컴퓨터나 TV 같은 매체를 원한다면 그것을 보상으로 활용하자. 우리나라에서 휴대폰이나 컴퓨터를 하고 싶은 만큼 허락하는 건 ADHD 자녀의 경우 위험한 요소가 많다. 일반 아이들보다 쉽게 빠져드는 성향이기 때문이다. 일단 조절이 가능하다면 최대한 보상으로 활용한다. 혹은 자기가 모은 토큰 수를 시간으로 바꾸어 사용하게 한다. 사용하는 시간이나 방법은 자녀가 결정하게 한다. 물론 제 시간보다 더 할 가능성이 높다. 그것에 대해서도 미리 부모는 계산해놓아야 한다. 그렇지 않으면 컴퓨터 시간 약속이 지켜지지 않아서 큰 갈등을 겪는다. 조금 넘어간 것에 대해서는 눈감아 주는 여유도 필요하다. 게임에 따라서는 시간에 딱 맞추기도 어려우니 말이다.

잔소리 대신 글로 적어주거나 보상을 주거나, 못한 것을 벌로 주는 행동 등이 좋다. 개인적으로 '벌로 아이가 가장 좋아하는 것을 뺏는 일은 하지 않도록' 권한다. 가장 좋아하는 것을 상으로는 활용해도 벌로 빼앗는 대상이 되어서는 안 된다. 진정 아이가 좋아하는 걸 함부로 건드리지 않는다. 이런 원칙을 세우는 건 이것이 자녀를 존중하는 태도

이기 때문이다. 아이가 학수고대하는 것을 못하게 하면, 아이는 벌로 여기지 않고 자기를 무시했다고 여긴다. 벌의 목적은 잘못을 깨닫는 데 있지 인격 모독이나 자존감을 떨어뜨리는 데 있지 않다. 따라서 벌은 자녀가 선택하되 가장 좋아하는 것을 빼앗지 않는 선을 찾는다. 또한 벌을 주는 데 혈안이 되어 자녀의 약속을 어긴 것을 분개하기 전에, 부모로서 자녀의 작은 일상행동에서 칭찬이나 보상이 충분하지 않았나 반성하는 자세가 더 우선되어야 한다. "~하지 마."라는 잔소리 대신 "~ 해."라는 말을 짧고 명료하게 한다.

일상생활에서 제일 중요한 것은 자녀와의 타협이다. 부모가 일방적으로 자녀가 안 되는 것을 '이렇게 저렇게 하라'고 계약서 만들어 내밀면 잔소리가 글로 바뀐 것일 뿐 별반 달라진 게 없다. 자녀랑 결정하고 가능한 정도를 정한다. 자녀와 함께 정한다는 원칙을 잊지 않는다.

아침에 일어나기 힘든 경호와 같은 아이는 일찍 깨워서 엄마가 같이 준비하는 시간을 충분히 가져야 한다. 혼자서 할 수 있는 것을 조금씩 쪼개서 연습시킨다. 이런 연습에서 중요한 것은 자기가 하려는 걸 선택하게 하는 거다. 혼자 하는 게 옷 입기인지, 아니면 씻고, 이빨 닦기인지. 그리고 가급적 짧고 간단하게 할 방법을 찾는다. 스스로 하는 것을 아주 작게 쪼개서 하나씩 완성해가는 경험을 하도록 한다. 그때까지는 부모가 여러 번 같이 해주어야 한다. 오늘 한 게 내일 안 되는 경우도 많다. 이런 모습에 황당해하거나 속상해하지 말자. 이런 모습도 여러 번 반복하면서 조금씩 변화가 있으니 말이다.

ADHD 자녀가 이렇게 느려터지는 것 같아도 항상 이렇진 않다. 자신이 좋아하는 활동에는 확연히 달라진다. 아침에 좋아하는 TV 프로그램을 보여주기로 하니 일찍 일어나서 알아서 준비했다는 사례도 있었다. 이 모습을 이기적인 것으로 해석하지 말고 동기가 자기 안에서 분명하지 않으면 잘 움직여지지 않는 특징을 이해하자.

식사, 옷 입기, 씻기 등의 행동이 부모의 마음에 들지 않을수록 자녀가 하기 쉬운 방법을 자녀와 같이 찾고, 조금은 색다른 방법을 생각해보는 것도 좋다. 일상의 반복이 참 지겹다는 ADHD 자녀의 마음을 이해해주고 아이가 원하는 방식으로 변화를 주는 것도 좋다. (영유아기 시기까지는 위생개념 형성을 위해 부모가 강압적인 태도로 할 수 있지만 그 이상은 어렵다.) 옷을 두는 곳도 바구니로 구분해서 던져놓으면 되게 해주고, 씻기 싫어하는 아이에게 부모가 찌푸리는 내색 없이 손을 닦도록 권하거나, 일을 엉성하게 해도 노력했다면 그 점을 칭찬해주어야 한다. 준비물은 부모가 미리 같이 점검해서 가방을 현관 앞에 두고 가져가는 연습을 시킨다. 집에 오면 할 일을 작은 칠판에 적어놓고 이미 한 것은 지워가게 해서 스스로 점검하게 한다. 부모의 지시를 아이가 '듣고 있겠지'란 생각은 버린다. 아이 혼자서 안 되면 같이 하고, 해야 할 목록을 큰 소리로 읽거나 따라 말하면서 행동한다.

집 안에서 놀 때도 아이는 조용히 놀기보다는 계속 움직이면서 놀 거다. 그것을 보면 부모도 정신이 산만해져서 짜증이 쉽게 난다. 이들의 에너지를 빼주는 것은 매우 중요하다. 바깥 활동을 통해 충분히 에너지를 발산시킨다. 매일의 일정에 자유롭게 신체 활동하는 시간을 넣는다. 동생이나 형제 때문에 아이를 바깥으로 데리고 갈 수 없다면 집에서 뛰어놀 공간이나 마음대로 해도 좋은 공간, 시간을 허락해야 한다. 몸을 가만히 두기 힘들기 때문에 충분히 움직여야 멈추는 것도 가능하다. 대신 다치지 않도록 위험한 물건을 늘 주위에서 없애도록 한다.

ADHD 자녀는 밤에 자는 문제로도 갈등이 많다. 이들의 생물학적 특성상 올빼미처럼 밤늦게까지 있으려 한다. 아이와 늦게 자는 문제로 싸우지 말자. 생물학적 특성을 바꾸기가 쉽지 않으니 말이다. 강요하지 않고 자기 전에 할 일들을 3가지 정도(예를 들어 잠옷 입고, 양치하고, 내일 옷 준비 끝!!)로 하고, 조용한 음악이나 불빛으로 주위를 차분하게 만들며, 주변 소음이 많으면 귀마개를 꽂아준다. 일단 잠자리에 누우면 밖으로 절대 나오지 않도록 주의해서 잠자는 분위기를 만든다. 누워도 쉽게 잠들지 못하면 누워서 할 수 있는 조용한 활동을 허락한다. 금요일이나 토요일 밤에는 특별하게 좀 더 늦게 잘 수 있는 특권들을 주면 평일 유치원이나 학교시간에 맞춰 일어나도록 잠자리 들기가 더 수월할 수 있다. 가장 중요한 점은 안 자겠다고 떼를 쓰는 아이를 꾸짖거나 다투지 않는 것이다. 아이 탓이 아니기 때문에 아이를 꾸짖거나 잠을 강요하지 않는다.

손바닥도 맞닿아야 소리가 나는 법이다. ADHD 자녀의 일상생활 전쟁은 부모도 같은 부분이 있기 때문이다. ADHD 자녀의 특성을 이해하고 행동에 대한 기대를 달리 한다면 분명 손바닥은 부딪히지 않을 거다. 적어도 아프게 짝 소리 나는 일은 줄 것이다. 그만큼의 평화는 분명 따라온다. 일상의 평화가 주는 작은 행복들도 발견될 것이다.

친구들과
잘 어울리게 도우려면

❝ 일주일 전인가. 교문 앞에서 여느 때처럼 준형이를 기다리고 있는데 준형이 반 아이들이 나오면서 오늘 준형이가 친구와 싸워서 벌을 섰다고 내게 이야기한다. 깜짝 놀란 나는 안면이 있는 아이에게 자세히 물어보았다. 준형이가 친구를 놀려서 선생님께 벌을 받았는데 벌을 받은 후 놀다가 상민이를 밀쳐서 넘어뜨리는 바람에 상민이가 이마를 다쳤고 이것 때문에 또 벌을 받았다는 거다.

이런 일은 학교를 다니면서 계속 있었다. 1학년 초반부터 여자 친구 배를 쳤다며 아이 학부모가 직접 전화해서 준형이에게 주의를 당부하고 이런 일이 또 있으면 바로 신고할 거라고 엄포를 놓았던 적도 있다. 그때만 해도 준형이도 어리고 남자아이가 놀다 한 행동에 그 엄마가 너무 예민하게 반응하는 거 아닌가 싶어 그리 심각하게 고민하진 않았다. 그런데 학년이 올라가자 이러한 문제가 반복적으로 터져나왔다. 이젠 싸움 소리만 들어도 마음이 불안해진다. 준형이한테 자주 혼내고, 벌도 주고, 그렇게 행동하면 친구가 하나도 없을 거라는 협박도 해봤지만 친구들과 다투는 모습들이 줄지 않는다.

자초지경을 알기 위해 급한 마음에 담임선생님께 전화를 걸려는데 준형이가 울상을 하며 나오고 있었다. 쏜살같이 준형이 손을 잡아채서 집에 온 후 화난 감정을 누르며 무슨 일인지를 물었다.

"나만 놀리는 게 아니었단 말이야. 친구들도 같이 놀렸는데…. 선생님은 나만 미워해. 왜 나만 벌을 서야 하는데? 나를 일러버린 놈들 다들 죽여버릴 테야!!"

준형이는 자기 기분에 안 맞으면 말을 험악하게 한다.

"또! 죽여버린다는 그 말! 그런 말 하는 거 아니랬지? 넌 왜 네 잘못은 모르고 매번 그런 잔인한 말을 하는데. 네가 처음부터 친구를 놀리지 않았으면 되잖아. 너도 그렇게 놀리면 좋아? 왜 그렇게 짓궂은 짓을 하느냔 말야. 친구는 왜 또 밀었어? 치지 말고 말로 하라고 했잖아."

"그 자식이 먼저 나를 놀렸단 말이야. 내가 벌서고 있는데 계속 까불잖아. 나도 하지 말라고 했어. 그랬는데도 계속 간죽거리는데 어떻게 참아!!"

"그런다고 친구를 밀어? 이마만 조금 다친 거야? 더 크게 다쳤으면 어쩔 뻔했어. 넌 사람 다치는 게 무섭지도 않니? 왜 그러는데 정말! 엄마 미치겠어."

"몰라…. 나도 내가 이러고 싶은 줄 알아!! 몸이 말을 안 듣는데 어떻게 하라구…."

아이는 결국 서럽게 운다. 북받쳐 우는 아이의 모습에 어이없다가 돌이켜 생각해보니 준형이도 어지간히 답답했나 싶다.

'그래. 아이도 그러고 싶지 않을 거야. 자기도 저러고 싶지 않은 거라면…. 도대체 뭐가 문제여서 저런 행동밖에 안 되는 걸까?'

화를 가라앉히고 생각해보니 준형이가 꾸중을 들으면 쉽게 억울해하면서 자기도 이러고 싶지 않다는 말을 종종 한다. 정말 자기 몸을 통제하기가 저렇게 힘들다는 말인가? 사실 준형이가 항상 친구들과 문제를 보이는 건 아니다. 좀 성숙한 여자아이들과는 아주 잘 지낸다. 여자아이들의 부드러움을 좋아하고 순한 남자아이들과도 잘 논다. 한마디로 자기 말을 잘 따라주고, 받아주는 친구들과는 잘 논다. 그런데 어떻게 모든 아이들이 그러겠나?

자꾸 다투는 아이들을 보면 주로 양보를 안 해주고 자기에게 뭐라고 하는 아이들이다. 준형이는 자기를 지적하거나 흉보는 느낌이 들면 참지 않고 몸이 나가고 엄청 흥분한다. 힘도 세니 상민이처럼 밀어버리면 친구는 나가 떨어진다. 아마 자기는 벌을 받는데 그걸 놀린 게 화가 나 몰래 보복한 것 같다. 준형이는 어릴 적부터 놀이터에서도 처음 만나는 친구들과도 잘 놀다가 몸싸움을 하는 일이 많았다. 그래서 놀이터에 가는 것도 자제시킨다. 말하기 좋아하는 사람들 사이에 나쁜 소문이 날까 두렵기도 해서 내가 더 데리고 있었다.

아이가 학년이 올라갈수록 수용적이고 나긋한 친구들도 태도가 바뀐다. 자신과 다르다고 생각하면 함께 놀려 하지 않았다. 반 아이의 말에 따르면 친구들이 준형이를 좀 나대는 아이로 보는 거 같다. 4차원 같다는 말도 자주 듣는다. 작년에는 아이들은 준형이와 모둠활동을 하는 걸 꺼리는지 혼자 남아서 내가 모둠을 찾아주어야 하는 일도 있었다. 이루 말할 수 없이 속상했다. 아이의 학년이 올라갈 때마다 친구들은 점점 더 세지고 나름 영악해지는데 준형이는 그런 것에 아랑곳하지 않고 놀고 싶은 대로 놀다가 이용만 당하고 결국은 버려지는 것 같아 많이 속상하고 답답하다.

준형이는 감정을 속이거나 숨길 줄 몰라 표현도 직설적이다. 솔직해서 재밌기도 하지만 친구가 듣기 싫어하는 말도 주저없이 해서 듣는 사람을 화끈하게 만든다. 어릴 때야 귀엽다고 볼 수 있지만 3학년쯤 되니 이런 준형이의 말이 싸움의 불씨가 되곤 한다. 친구들의 외모나 실력에 대해 너무 쉽게 비하하는 말도 해서 다툰 적도 있다. 아이들 표현으로 말하면 정말 재수 없는 아이나 마찬가지다. 친구들에게 그렇게 하면 안 된다고 준형이에게 알려 주어도 그때뿐이다.

학교에서의 행동은 별로 나아질 기미가 없다. 어른인 나도 준형이 마음을 모르겠는데 친구들이 준형이의 억울한 심경을 제대로 알아줄까 싶다. 오히려 아이들이 준형이 때문에 힘들다고 할까 봐 걱정된다. 특히 오늘처럼 이렇게 친구를 다치게 하면 더 가해자가 되고 친구들이 멀리하게 될까 걱정스럽다.

아무도 준형이 편이 되어주지 않은 걸 보니 준형이의 행동을 우습게 여기거나 귀찮아하는 것도 분명 있는 듯싶다. 그래서일까…. 준형이가 친구가 없다는 말을 올해 들어 부쩍 더 많이 한다. 이런 말을 하는 준형이를 보면 마음이 짠하다. 무리에 끼지 못해 혹시 혼자 있는 건 아닌지 걱정도 된다.

여기에 더욱 걱정되는 것은 학교폭력 사건들이 심심찮게 일어나고 있어서 혹시 우리 준형이도 말려 들어가면 어쩌지 싶은 거다. 몸집도 있고 행동이 쉽게 나가는 편이라 자기는 늘 피해자라고 울먹거리지만, 실상은 준형이의 툭 뱉은 말이나 거친 행동으로 친구가 상처를 입었다며 학교폭력 가해자가 될까 싶어 겁도 덜컥 난다. 생각만 해도 끔찍하다. 이런 위험을 어떻게 줄여야 할까? 자기도 그러고 싶지 않은데 자꾸 싸우게 된다는 이 말을 나는 어떻게 이해해야 할까? 오늘도 깊은 시름에 빠지게 된다.

친구관계가 나아지면
아이의 자존감도 높아진다 ————

준형이처럼 ADHD 자녀들은 친구들과 어울리다가 쉽게 갈등에 빠진다. ADHD 자녀 중 고집이 센 경우 친구들과 싸움이 많고, 자아가

약한 경우 친구들에게 놀림감이 되는 일이 많다. 이들의 갈등 원인은 그들이 또래 연령에 비해 사회적 기술이 현격히 떨어지는 점, 가령 사회적 기술이 있다 해도 행동하기 전에 멈추거나 생각하는 것이 떨어지는 점 때문이다. 친구관계에서 미숙하거나 폭력적인 모습을 보인다. 아이의 미숙함을 놀리거나 이용하는 약은 친구들이 있기에 ADHD 자녀들이 골탕을 먹거나 심한 경우 왕따가 된다. 그럼에도 ADHD 자녀는 친구관계 욕구가 높은 경우가 많아 친구들 사이에 계속 끼고 싶어한다. 그러다 보니 학년이 올라갈수록 관계에서의 거절감이나 실패감을 심하게 느끼게 되는 것이다. 해마다 쌓인 억울함은 고학년이 되어 폭발하며 화를 참지 못하고 공격적인 양상으로 바뀌기도 한다. 친구를 원하는 만큼 아이가 받는 상처도 크다. 그런 상처를 보는 부모 마음 또한 아프다.

ADHD 자녀가 친구를 사귀는 건 늘 도전 과제다. 이들의 충동성, 산만함, 부주의한 특성으로 말이 많고 시끄럽고, 행동이 크고, 다른 사람을 파악하지 못하거나 사회적 단서를 잘 읽지 못하는데 이것은 친구들에게 별로 매력적이지 않다. 그래서 거부당하거나, 놀림이 되거나 심한 경우 따돌림이 되는 경우가 종종 발생한다.

사회적 관계의 곤란은 ADHD 자녀의 자존감에도 나쁜 영향을 준다. 상담실에서 만난 아이들 중에는 게으름뱅이, 거짓말쟁이, 바보 같다는 등의 부정적 자아상이 많아 안타까움을 자아냈다. 이미 어릴 적부터 부모에게서 부정적인 피드백을 받은 경우도 많기에 ADHD 자녀가 친구들에게 받는 이런 시선들은 뜨거운 물에 기름을 붓는 격이 된다. 더욱 낮은 자존감을 만들게 하는 것이다.

학년이 올라갈수록 자존감이 떨어질 수 있는 ADHD 자녀들. 그들의 자존감을 보호하기 위해서 가정에서 도와줄 수 있는 방법은 가장 먼저 부모가 자녀의 편이 되는 것이다. 자녀의 ADHD 행동과 자녀의 인격을 분리시킨다. ADHD라는 문제의 양상일 뿐 자녀 자체가 문제 아인 것으로 여겨서는 안 된다. 앞서도 계속 강조했듯이 ADHD의 행동 양상을 잘못된 행동으로 꾸중해서도 안 된다. 자녀도 원치 않는 행동을 자기도 모르게 하는 거다. 꾸중보다 조절하는 훈련이 필요하다. 자녀의 자존감을 높여주려면 행동보다 인격을 칭찬해야 한다. 자녀의 인격에서 좋은 점을 칭찬한다. '친절한 아이', '재미를 즐길 줄 아는 아이' 등으로 불러준다. 단 ADHD 자녀가 실수나 잘못을 ADHD 행동 때문으로 변명하지 않게끔 주의 준다. ADHD라는 문제가 있다는 것이 자녀가 잘못된 선택을 한다는 의미는 아니다. ADHD 문제가 있어도 올바른 선택을 할 수 있는 능력이 있음을 강조한다.

부모가 자존감을 길러줘도 밖에서 친구들 앞에 당당하게 서는 것은 또 다른 문제다. 물론 가정에서의 태도가 집 밖의 관계에 영향을 준다. 하지만 친구관계를 개입해서 도와주는 데는 부모로서 분명 한계가 있다. 그럼에도 준형이처럼 친구관계 문제가 있는데 부모가 그냥 넋 놓고 보고만 있을 수도 없지 않나?

ADHD 자녀가 어릴수록 부모가 도와줄 수 있는 길은 많다. 부모의 노력에 의해 친구들과 함께하는 시간이나 친구 사귀기가 가능하기 때문이다. 고학년 이상에서는 이조차 쉽지 않아 부모의 개입으로 친구 사귀기에 한계가 있다. 준형이처럼 싸움이 쉽게 생기는 ADHD 자녀라면 친구를 한 명씩 만나는 게 좋다. 처음에는 집으로 먼저 초대한다. 그러면 자녀도 자기 집이라는 편안함에 자신 있게 친구에게 다가가고 부모도 자녀의 사회적 태도를 살피면서 코칭할 기회가 생긴다. 쉽게 놀림당하는 ADHD 자녀라면 친구들보다 어린아이들과 노는 것도 좋다. 자신의 놀이 수준과 비슷하기 때문에 편안함 가운데 연장자라는 특혜로 리더십의 기회도 가질 수 있다.

준형이가 보이는 가장 큰 문제는 다른 사람의 생각이나 느끼는 방식을 이해하지 못한다는 거다. 그냥 머릿속에 떠오르는 대로, 몸이 느껴지는 대로, 감정이 가는 대로 행동한다. 급식을 많이 받아온 친구를 보고 준형이는 "야, 너 배가 왜 그리 나왔냐? 너 혼자 만두 다 먹었지! 돼지가 따로 없네."라고 말했다. 이렇게 말하는 자신이 왜 잘못되었는지 모른다. 사실대로 말했다고 느낄 뿐이다. 한마디로 '억제력'이 떨어진다. '마음속으로 말하기(self-talking)'를 전혀 하지 않는다. 그래서 이들에게 "왜 그랬냐?"고 물으면 그냥 "몰라요."라고 대답하는 게 태반이다. 사실 그렇다. 아이는 일어나는 대로 반응한 것이다. 그런 아이에게 "왜 그랬니?"라고 묻는 건 전혀 도움되지 않는다. 오히려 잘못된 행동의 이유를 물음으로써 탓을 찾느라 자신의 행동을 책임지는 건 배우지 못한다. 동시에 뭔가를 잘못했다는 '죄책감'만 느끼게 하는 질문이다. 차라리 다르게 묻는 '질문법'이 필요하다.

준형이에게 "너는 그렇게 얘기해서 뭘 얻게 되었어?"라고 묻자 "그 친구가 다음엔 그렇게 혼자만 먹지 않을 거라 생각해요. 잘못된 것은 말해줘야죠."라고 대답했다. 사실 준형이는 친구를 놀리려는 것보다 그렇게 혼자 먹지 말고 같이 나눠 먹자는 말을 하고 싶었던 것이다. 그런데 대화 기술이 떨어지니 놀리는 양상으로 나타난 거다. 또한 준형이가 친구를 다치게 한 것은 잘못된 행동이기에 이유를 묻는 건 의미가 없다. 준형이도 자기 힘을 조절하는 데 스스로 벅차다. 그런 심경을 이해해주자. 하지만 다른 사람을 다치게 하는 행동은 자제시켜야 한다. "왜 그랬니?"라는 질문보다 "다시 이런 일이 생기지 않으려면 우리가 지금 무엇을 해야 할까?" 또는 "또다시 일어난다면 다음엔 어떤 벌을 줘야 할까?" 등으로 행동을 줄여가는 데 초점을 맞춘다.

친구들과 대화하기 전
'연(KITE)만들기' 연습 ————

ADHD 자녀에게 행동하기 앞서 반드시 필요한 단계로 '생각하기' 단계가 있음을 알려야 한다. '마음속으로 말하기(self-talk)'를 연습한다. 아이들과 하는 방법으로 '연(KITE) 만들기' 방법이 있다. 우선 연을 만든다. 직접 만든 연을 하늘에 날리는 놀이를 하면서 다음의 순서를 익힌다.

K : Know (지금 일어난 문제가 무엇인가? 지금 어떤 상황인지 알기)

I : Identify (좋은 방법은 뭐가 있지? 결과를 생각하며 가장 좋은 방법을 선택하기)

T : Try (선택한 방법으로 해보기, 실시하기)

E : Evaluate (선택한 방법으로 해본 결과가 어떠했나? 평가하기)

출처 : 《The survival guide for kids with ADD or ADHD》, Jhon F. Taylor 지음

그런 다음 친구와의 갈등 상황마다 연을 떠올리게 한다. 준형이처럼 친구가 놀릴 때의 상황에 맞춰 연습해보자. 처음에는 부모가 같이 말하다가, 자기가 혼자서 말하다가 마지막으로는 속으로 남에게 들리지 않게 말하는 연습을 한다.

K : '친구가 날 놀려서 화가 나네'

I : **계획1)** '친구를 가서 때릴까? 그러면 다치겠지….'

계획2) '친구에게 욕을 할까? 그러면 나에게도 욕하겠지….'

계획3) '다른 친구에게 말해볼까? 그러면 그 친구가 소문내겠지….'

계획4) '선생님께 이를까? 그러면 고자질쟁이가 될 텐데….'

(이 중에서 그래도 남에게 덜 피해가 가고 나도 화가 난 감정을 해결할 수 있는 방법을 선택한다.)

'그래. 그래도 딴 친구와 얘기해보는 게 낫겠어. 내가 믿을 만한 녀석에게 말해서

같이 흉을 보면 기분도 나아지겠지'

T : (계획 3을 실행한다.)

E : '해보니까 이야기를 들어주는 친구가 같이 욕도 해주고 내 기분도 풀어줘서 좀 낫

　　네. 다음에 친구 때문에 속상한 일 생기면 이 방법을 써도 좋겠어.'

이런 식의 '마음속으로 말하기'는 하루아침에 되는 건 아니다. 꾸준한 연습이 필요하고, 가시적으로 보여주는 것도 필요하다. 연을 가지고 놀며 이 4가지 순서를 기억하게 하면서, 계획을 칠판에 적어보고 결과를 예측하는 연습도 같이 하면 좋다.

이 외에 ADHD 자녀에게 반드시 가르쳐야 할 사회적 기술들에는 다음이 있다.

① 놀이의 순서가 있고, 자신의 순서를 지키며, 친구의 순서를 기다린다.

② 친구들이 말하는 비평이나 비난을 기분이 나빠도 수용한다.

③ 게임이나 경쟁에서 질 때 속상하지만 지는 것을 받아들일 수 있다.

④ 친구들이 말하는 것을 이해하고 지시를 따른다.

⑤ 친구들의 개인적 공간을 이해하고 존중해준다.

⑥ 친구와의 놀이를 선택하거나 제안한다.

⑦ 나와 다른 의견을 말하는 친구에게 반대 표현을 하며, 또래의 압박을 견딘다.

⑧ 친구관계에서 생긴 문제를 해결할 줄 아는 능력을 기른다.

영어와 수학을 공부하듯 ADHD 자녀는 사회성의 기술들에 대해 배워야 한다. 그들이 저절로 친구들 사이에서 눈치껏 습득할 거라는 기대는 하지 마라. 부모는 ADHD 자녀가 사회적 관계에서 겪는 어려움의 양상이 어떤지를 잘 살펴서 그 기술을 훈련하도록 이끌어야 한다. 이들은 다른 학습처럼 한 번의 말이나 경험으로 익히지 못한다. 작게 여러 번 나누어서 연습해야 한다. 이런 훈련에서 가장 중요한 것은 연습한 대로 했는데도 실제 친구관계에서 결과적으로 즐겁게 되지 않았을 때 '배운 기술을 써보려고 애쓰는 모습을 칭찬해주는 것'이다. 결과와 상관없이 사회성을 기르려는 아이의 노력을 칭찬해준다.

ADHD 자녀의 사회적 기술을 가르치기에 앞서 부모는 이들의 사회적 기능이 또래보다 2-3년 지체되어 있다는 걸 알아두자. 그래서 또래보다 어리다는 느낌, 미성숙하다는 느낌이 든다. 실제로 그렇다. 그렇다고 ADHD 자녀가 항상 그 자리에 머물러 있지 않다. 부모가 잘 지지해준다면 사회성도 성장한다. 그러니 재촉이거나 꾸중하지 말고 또래보다 사회성이 더디 자라는 것을 이해해주자. 그러다 보면 친구와 맞닿는 날이 올 것이다. 시기는 아이마다 다르지만 분명 함께 가는 친구들이 점점 늘어나는 때가 온다. 그런 기대를 놓지 말고 성급한 마음을 다스리며 하루하루 한 걸음씩 떼어보자.

학교 선생님과 소통하다

      3월, 새 계절의 봄바람이 스친다. 하지만 나는 설렘보다 긴장의 긴 터널을 지나가는 기분이다. 새로운 학년에 만나는 선생님과 아이들이 어떨지 신경이 곤두선다. 그래서 내게 봄날이 잔인해졌다.

    이런 변화는 태진이 입학 후 1년 동안 학교생활에서 시달린 결과다. 입학 후 처음 만난 담임선생님의 인상은 좀 엄격하기는 하지만 아이들을 잘 통제하는 모습에 제멋대로인 태진이도 많이 배울 수 있겠다 싶었다.

    그런데 2주 정도 학교를 재미있게 다니던 태진이가 점점 학교 가기 싫다며 투정을 부렸다. 투정은 쉬이 사그라지지 않고 점점 짜증으로 바뀌어

갔다. 금요일 밤을 제일 좋아하고 일요일 오후부터 짜증이 늘었다. 이런 모습이 혹시 태진이의 쉽게 질리는 성향 때문인가 싶어 겁이 났다.

그런데 태진이를 힘들게 하는 건 다름 아닌 담임선생님이었다. 선생님은 작년까지 고학년을 맡은 베테랑 선생님이었는데 규율이 매우 엄격해서 수업 중은 물론 쉬는 시간에도 틈을 주지 않았다. 이제 막 입학한 아이들에게 학교 규율을 제대로 가르치겠다고 화장실에 다녀올 친구만 조용히 갔다 오라 하며 쉬는 시간에도 함부로 뛰어다니면 벌점을 주었다. 과연 남자아이들이 견딜 수 있을까? 그렇잖아도 움직이기 좋아하는 태진이가 잘 따를 리 만무했다. 이건 좀 심하다 싶어 선생님을 찾아가서 태진이의 성향을 말씀드려야 하나 아니면 괜히 내가 먼저 말해서 선입견으로 태진이를 대하는 건 아닐까 싱숭생숭한 마음으로 지냈다.

드디어 공식 면담 날이 다가왔다.

'선생님이 태진이를 어떻게 보셨을까? 태진이가 학교생활은 잘하고 지내는지…. 혹시 친구들과 문제가 있다고 하실까? 선생님 말을 잘 안 들어서 싫어하시면 어쩌지.'

온갖 잡다한 생각과 떨리는 마음으로 선생님과 대면했다.

"태진이 어머님, 태진이 부산스러운 거 아시죠?"

대뜸 물어보시는 선생님의 질문에 나도 당황스러워 "아, 네…." 하며 엉겁결에 그렇다고 말해버렸다.

그랬더니 "태진이가 또래에 비해 행동이 커요. 돌아다니기도 하고, 자꾸 뒤의 친구들과 떠들거나 앞의 친구를 건드려서 수업에 방해되는 모습이 많네요. 준비물 정리도 잘 안 되던데요. 자꾸 잊어버리고…. 혹시 태진이의 행동 때문에 상담을 받아보신 적 있으신가요? 없다면 지금이라도 빨리 받아보는 게 아이에게도 좋을 거 같은데요."라고 하지 않은가. 아주 담담하게 이야기하는 선생님의 말에 내 귀를 의심했다.

'아니 우리 애가 문제란 말이야? 한 달도 안 되었는데 태진이를 이렇게 이상한 아이로 판단하는 건 너무 섣부른 거 아닌가?'

상담을 권하는 담임의 말이 귀에서 맴돌다 가슴으로 쿵하고 떨어지는 것 같았다. 아무 말도 못했다. 마치 잘못해서 아무 말 못하는 죄인마냥….

이후 나는 태진이가 문제아가 아니라는 것을 담임선생님께 보란 듯이 보여주고 싶었다. 아침마다 학교 가는 태진이와 다짐하고 또 다짐하며 선생님 말씀을 잘 듣고 따르길 신신당부했다. 하지만 학교에서 태진이의 모습은 나의 간절한 바람과 달랐다. 알림장을 늦게 쓴다고 꾸중 듣고, 책상 정리를 안 해서 벌점을 받고, 손들고 말하지 않아 경고를 먹었다. 선생님께서 꾸짖는 일이 많아지자 태진이도 학교생활에 점점 더 자신을 잃는 것 같아 마음이 아팠다. 알림장에 태진이의 잘못된 행동들을 열거해서 보내주는데 선생님의 글은 점점 길어만 갔다. 나보고 엄마 역할을 제대로 하라는 강한 경고로만 보여 불편한 마음은 더 심해졌다.

결정타를 날린 것은 2학기 자리배정이었다. 하루는 태진이가 오자마자 짜증을 내며 자기만 짝꿍이 없다고 신경질을 냈다. 자리를 바꿨는데 자기만 맨 뒤에 떨어뜨려 놓고 혼자 앉으라고 했단다. 얼마나 화가 나는지. 선생님이 우리 아이를 대놓고 망신을 주는 것 같아 더 이상 참을 수가 없었다. 당장에 학교로 가서 선생님께 격양된 목소리로 따져 물었다.

담임선생님은 태진이가 자꾸 옆 친구들과 싸우고 떠들어서 미리 경고 했는데 지키지 않아 이렇게 떨어뜨렸다는 거다. 그러면서 태진이는 일반 아이들과는 다르다며 자신도 연수에서 배운 적이 있는데 상담이 필요한 아이라는 거다. ADHD일 가능성이 있어 보인다나. 그래서 태진이를 고치기 위해서는 벌로 따로 앉는 것도 필요하다는 거다.

다른 아이들에게 너무 방해되고, 멈추라고 해도 멈추지 않는 태진이를 그대로 두면 다른 친구들이 따라 할 수 있기 때문에 엄격히 다룰 수밖에 없다는 거다. 그래도 따로 앉히면 아이가 얼마나 속상할지 생각해야 하지 않냐고 나도 따졌다. 그랬더니 태진이 때문에 다른 아이들도 얼마나 피해를 보는지도 생각해보라는 거다. 아. 담임선생님은 결국 우리 아이를 뭔가 문제 있는 아이로 보는 게 맞구나 싶었다.

'이 선생님과는 정말 더 이상 말이 통하지 않겠구나.'

그날 나는 담임에 대해 몹시 상심했다. 내 아이를 그렇게 보는 선생님께 아이를 차마 보내기가 싫어서 체험학습 핑계로 며칠 여행을 가고 학교에 보내지 않았다. 여행 후 조금 가라앉은 마음으로 태진이를 학교에 보냈고 1학년이 끝날 때까지 나는 학교에 얼씬도 하지 않았다. 담임이 뭐라하든 알림장에 뭘 써서 보내든 나도 별로 협조해주지 않았다.

'어차피 우리 애를 그렇게 보는 사람에게 노력한들 무슨 소용이겠어?'

나도 막 나가는 아이마냥 아무것도 하기 싫었다. 그렇게 1학년을 어렵사리 보내고 이제 2학년이 되는 3월이 다가온다.

나는 지금도 12월생인 태진이가 어려서 그럴 거다 여긴다. 올해 반을 잘 만나면 충분히 달라질 거란 기대도 갖는다. 적어도 이제 곧 만나게 될 담임선생님이 작년 같지 않다면 말이다. 그런데 선생님이 바뀌어도 올해 마저 비슷한 모습이 보인다면 어쩌지? 정말 ADHD이라면…. 마음 한편에는 차라리 학교를 떠나고 싶다. 내가 제대로 보살피며 키우는 게 아이가 덜 상처받는 길 아닐까? 대안학교라도 보내면 태진이가 더 잘 지내지 않을까? 또 하나의 베일이 벗겨질 3월의 학교생활이 막연히 두렵기만 하다.

또 다른 협력자,
선생님과 함께 가는 길 ————

새 학년 선생님이나 친구들을 만나는 것이 즐겁지만은 않은 게 현실이다. 갈수록 비교와 경쟁이 심해지는 사회 분위기에서 개인의 기본 인성도 갖추지 못한 사람들이 많아지면서 주위 사람들의 모습도 천양지차(天壤之差)가 되고 있다. 선생님도 매우 다양하다. 정말 존경할 만한 훌륭한 선생님도 있고 인성이 의심되는 선생님도 있다. 5살도 채 되지 않은 아이의 뺨을 때린 어린이집 보육교사의 사건은 그 단편을 보여준다. 친구들도 귀감이 되는 좋은 아이들도 있지만 아이 같지 않은 교활함과 남을 괴롭히는 무정함에 섬뜩해지는 아이들도 있다. 사람의 복이 참 귀한 시대가 되었다.

ADHD 부모에게는 더욱 사람과의 좋은 인연이 간절하다. ADHD 자녀가 한 학년을 성공적으로 지내느냐 아니냐는 ADHD 자녀를 바라보고 대하는 '선생님'에 따라 그 학년의 생활이 판이(判異)해지기 때문이다. 상담에서 만난 아이 중에는 태진이와는 완전히 반대인 사례도 있다. ADHD를 보이던 A군의 경우 학교에서 비교적 순조롭게 잘 지냈다. 그렇다고 산만하거나 충동적인 말, 움직임의 문제가 태진이보다 적지도 않았다. A군의 담임선생님도 A군의 ADHD를 의심할 정도였다. 태진이 담임선생님과의 가장 큰 차이는 ADHD 학생을 바라보는 선생님의 태도였다. A군의 담임선생님은 자신의 둘째 아들도 비슷한 모습이었다고 한다. 그래서 A군이 하는 행동이나 말에 덜 거슬리고 이해해주는 마음이 컸다. A군 부모의 마음도 쉽게 공감해주었다. 선생님은 아이를 꾸짖기보다는 사소한 부분은 넘어가 주는 태도로 대했다. 그러니 갈등도 적고 아이도 자신을 부정적으로 덜 보면서 편안한 관계를 맺고 한 학년을 보냈다.

이에 비해 태진이의 선생님은 자신의 아이들을 아주 훌륭하게 키운 분이다. 자녀들이 모범적이고 말을 잘 듣는 착실한 아이들인 것 같다. 그래서인지 딸은 물론 아들도 비교적 유순해서 요즘 아이들의 거친 행동이나 말들을 견디기 힘들다고 했다. 최근 고학년 담임을 계속하다가 질려서 오랜만에 1학년으로 배정을 받은 상황이었다. 선생님은 자기 아이들의 교육에서도 그렇고 학생들을 가르치는 데도 흠 없기를 바랐다. 태진이 담임선생님은 규율을 어기는 학생들을 견디기 힘들어했다. 문제가 있으면 빨리 원인을 찾아서 해결해야 했다. 선생님이 직접 해결할 수 없으면 빨리 도와서라도 해결해야 했다. 선생님이 해줄 수 있는 부분과 아닌 부분에 분명한 선을 찾았다. 선생님이 할 수 없는 영역은 부모가 하도록 강력히 요구하는 분이었다. 그래서 ADHD인지 빨리 알아보라고 했던 거다. 선생님도 잡히지 않는 아이에 대한 이해와 한계를 분명히 갖고 싶었을 수 있다.

A군의 선생님도 ADHD와 관련된 상담이 필요하다고 알려왔다. 그래서 A군의 엄마는 바로 평가를 의뢰했다. 이에 비해 태진이 엄마는 그런 행동을 취하지도 않고 오히려 거부하는 모습이다. 왜 이런 차이를 보일까?

대인관계가 한 번 어긋나면 좋은 말도 듣기 싫어지는 게 사람이다. 태진이 엄마의 경우 태진이의 1학년 담임선생님이 너무 성급하게 태진이에 대해 부정적인 이야기를 한 게 화근이 되었다. 담임이 이미 태진이에게 딱지를 붙였다는 생각에 태진이 엄마는 내 아이를 부정적으로 보는 사람이라고 판단하고 더 이상 담임선생님에게 태진이를 이해시키거나 도울 방안을 함께 고민하지 않았다. 아마 태진이 엄마도 첫 아이를 학교에 보내고서 듣기 싫은 소리를 하는 선생님으로 인해 자존심이 많이 상했으리라. 어느 부모가 자식에게 문제가 있다는데 아무렇지 않을 수 있겠는가.

그런데 태진이 엄마도 받아들이는 데 시간이 필요한 분이다. 문제의 직시보다는 선생님의 원망, 주변 사람들의 탓으로 대하고 있다. 그런데 선생님의 말씀이나 주변 지적을 그냥 간과하는 것도 올바른 대처는 아니다. 태진이를 부정적으로 보는 사람들에게 화가 나고 아이에 대한 안타까움이 있을 수 있지만 감정싸움 때문에 태진이를 돕지 않는 건 위험하다. 감정싸움으로 진정 중요한 시기를 놓쳐서 큰 후회를 하지 않도록 자신의 감정을 추스르려는 용기도 엄마에게 필요하다.

선생님의 말씀에 상처받는 부모님들이 많다. 부모도 선생님 앞에서는 한없이 아이 같아지는 것 같다. 자식을 칭찬해주고 잘하고 있다면 기분 좋아 으쓱이지만 뭔가 부족하거나 못하는 부분을 말하면 속상하고 안타까운 마음에 삐지기도 한다. 사람이 지닌 인정욕구 때문일 거다. 자식을 통해 나도 자식을 잘 키운 부모가 되고 싶고, 그런 칭찬을 선생님에게 듣고 싶은 인정욕구. 나도 아이를 키우면서 비슷한 감정을 느낀다. 빤히 알면서도 좋게 말해주는 선생님이 고맙다. 부정적으로 보는 선생님께는 거리를 두게 된다. 내 아이가 잘못되면 선생님을 탓하게 된다.

ADHD 부모는 이런 인정욕구가 선생님 앞에서 산산조각이 난다. 나도 힘든데 오죽하실까 싶지만 그래도 예쁘게 봐주었으면 하는 게 부모 마음이다. 그런데 이런 부모의 간절함과는 정반대로 ADHD 자녀와 갈등하는 선생님을 만나면 부모는 그야말로 좌불안석이 된다. 아이 대신 학교생활을 해줄 수도 없는데 아이 태도는 쉬이 고쳐지지 않으니 여간 괴로운 게 아니다. 그래도 희망은 있다. 다행히 A군 담임선생님과 같은 분들도 있다. 나름 ADHD 학생을 이해하고 도우려 하고 친구들 앞에서 차별을 느끼지 않게 하면서도 아이의 행동 차이를 잘 설명해주고 이끌어주시는 분이 있다. 이런 선생님을 만나면 정말 ADHD 자녀도 부모도 복이다. 지금 우리의 교육에서는 그렇게 말할 수밖에 없다. 내가 그런 선생님을 선택할 수 있는 권한이 없기 때문에….

그렇다고 앉아서 당할 수만도 없다. 태진이 선생님처럼 문제로 여기고 말할 때 어떻게 대응할지를 생각해야 한다. 선생님들이 학생의 문제를 말할 때는 기분이 나빠도 그 점을 귀 기울여야 한다. 선생님들은 많은 아이들을 만나면서 문제 정도를 식별하는 데는 전문가 못지 않다. 20년 넘게 임상장면에서 본 결과 선생님들이 문제가 있다고 할 때는 분명 문제가 있을 가능성이 높다.

그리고 주변 사람들의 평가도 무시하지 않기를 바란다. 상담 필수 질문에도 '자녀의 이웃이나 주변 사람들은 자녀에 대해 뭐라고 얘기하는가?'가 있다. 그들이 불만을 자주 토로한다면 자녀의 행동에 문제가 있다. 불씨를 조기에 찾아 꺼야 한다. 방치하면 오히려 더 큰 불이 되어 모든 것을 잿더미로 만들 수 있다.

태진이 엄마의 반응에서 안타까운 점이 바로 이 부분이다. 엄마가 '회피'함으로써 태진이를 제대로 도와줄 기회를 놓치고 있다. 선생님이 내 자녀를 부정적으로 볼수록 선생님을 밀어내는 게 아니라 더 함께하려 노력해야 한다. 물론 쉽지 않다. 싫어하는 사람과 같이 뭔가를 하려면 얼마나 내 마음이 단단해야 하나? 그래도 ADHD 자녀를 위해서는 선생님과 협력해야 한다. 선생님이 어떤 태도를 지녔는지는 중요하지 않다. ADHD 자녀의 부모로서 협력을 요구해야 하고 그게 부모의 권리이자 의무다. 선생님의 스타일을 이해하는 건 중요하다. 협력 과정에서 선생님의 스타일을 존중하며 협력 방법을 찾아야 한다. 선생님이 자주 연락하는 것을 원하는지, 전화를 선호하는지, 문자나 이메일로 소통하기를 원하는지, 태진이 선생님처럼 알림장을 소통 도구로 사용하는지 등 협력 방법은 선생님마다 차이가 있으므로 이를 존중해주어야 한다.

학교 교실은 ADHD 학생들의 부주의, 산만함, 충동 등으로 친구들을 의도치 않게 방해할 구석이 많다. 선생님들이 이런 문제로 ADHD 학생들을 꾸짖고 이로 인해 다른 친구들에게 부정적으로 비춰질 가능성이 높다. 부모들도 선생님과의 관계에서 선생님 자체보다 밉보여 생기는 파생효과를 더 두려워한다. 하지만 달리 보면 선생님의 태도로 ADHD 학생들의 성취가 이루어질 수도 있는 거다.

가정과 학교의 연계가 반드시 필요한 이유는 ADHD 자녀가 혼자 규칙성을 배우거나 자기 것에 집중하기 힘들기에 감독 역할이 있어야 하기 때문이다. 가정에서는 부모가, 학교에서는 선생님이 그 역할을 분명하게 해주어야 한다. 그래야 자녀가 적어도 하나씩이라도 배워나가면서 변화할 수 있다.

새 학년이 되면 새 선생님과 관계를 맺기 위해 무엇을 가장 먼저 노력해야 할까? 선생님의 스타일을 파악하는 게 필요하다. 선생님의 성향을 이해하고 도와줄 부분이 어느 정도인지를 가늠해야 한다. 선생님의 태도에 따라 연계 영역은 매우 다양하다.

　두 번째로 ADHD 자녀에 대한 정보를 어느 정도 알려야 하는지다. 부모님들이 많이 물어보는 것 중에 하나가 "먼저 가서 알려야 하나?"하는 질문이다. 학기 초 담임을 만나는 공식 면담 일까지 우선 기다린다. 그리고 먼저 담임 선생님이 보는 관점을 관찰한다. 그런 다음 ADHD 자녀에 대한 특성을 알린다. 진단이 분명하게 나온 경우 비밀로 하지 않는 게 좋다. 선생님들이 ADHD까지는 모른다 해도 뭔가 문제 있다는 것은 쉽게 간파한다. 태진이 엄마는 어떻게 선생님이 그렇게 빨리 속단하냐고 화를 냈지만 사실 선생님들은 일주일이면 학생들을 파악한다. ADHD 자녀의 사정을 알리지 않으면 선생님은 오히려 부모가 자녀를 너무 모르고 있고 제대로 도와주지 못한다고 여길 수도 있다.

　세 번째로 선생님과의 면담 시기는 학기 초가 좋다. 학교에서 규정한 3월 말이나 4월 초 면담 시기를 놓치지 말고 자녀의 특성으로 발생하는 문제들을 어떻게 다루는 것이 좋을지 의논한다. 선생님이 말하는 문제 행동에 대한 것도 좋고, 부모가 미리 아이가 교실에서 주로 보일 수 있는 '잘하는 행동, 조금 문제가 되는 행동, 많은 문제가 되는 행동'을 적어 가서 함께 이런 모습을 어떻게 조절시켜 갈지를 선생님과 의논해도 좋다. 이런 말을 하면 선생님이 귀찮아하거나 싫어하지 않을까를 걱정하지 말자. 부모로서 당연히 해야 할 행동이다. 중요한 것은 부모로서 할 도리를 다 해보는 거다. 그런데 선생님이 받아주지 않는다면 할 수 없다. 하지만 할 수 있는 데까지 함께해보려 노력하는 것이 부모의 의무를 성실히 이행하는 것이다. 그래야 부모도 자녀에게 괜한 미안함 등의 자책이나 후회가 없고 부모 역할에 대한 자신감이 생긴다.

네 번째 자리 배정 같은 환경 조성에 대해서는 꼭 선생님께 부탁 드려야 한다. 쉽게 산만해질 수 있는 창가, 문 옆, 시끄러운 아이 등과는 반드시 떨어뜨려 놓아야 하고 가급적 선생님과 가까운 위치에 앉게 한다. 그렇다고 선생님과 독대하듯 따로 앉거나 맨 앞에 혼자 앉는 등 차별된 모습으로 상처받지 않게끔 부탁드린다. 짝으로는 비교적 유하고 모범이 되는 학생과 앉고, 챙겨주기를 좋아하는 짝이나 잘 이끄는 짝이면 좋다.

다섯 번째 꾸중 들을 일을 줄여주고 대신 칭찬할 수 있는 기회를 많이 주길 부탁한다. 불쑥 대답하거나 질문하려 들면 아이에게 따로 적어놓는 공책을 준비해주고 그곳에 할 말을 쓴 다음 선생님이 쉬는 시간이라도 확인해주는 식으로 이끌어주면 아이가 자제하려는 노력이 생길 수 있다. 가정에서도 같은 연습을 하겠다고 말씀드린다. ADHD 학생의 끼어드는 행동이나 간섭들이 반복되어도 꾸중보다 조용히 벌점을 주는 쪽으로 여쭤본다. 어차피 꾸중을 없애기는 쉽지 않다. 단지 그런 기회를 줄이고 칭찬도 자주 해줘서 아이들 앞에서나 자신에 대해 주눅 들지 않게 격려해주자는 거다.

여섯째, 알림장을 쓰고 숙제해오거나 준비물을 챙기는 것이야말로 가정과 학교의 협력이 필요한 영역이다. 선생님은 학교에서 써가는 것을 확인해주고, 집에서는 써온 것을 함께 보고 준비하는 것을 꼭 점검해주어야 한다. 점검이 없으면 수행은 없다. 아이 스스로 하리라는 기대를 버리고 가정과 학교에서 서로 점검해주면 조금씩 알아서 하는 모습들이 생길 것이다. 준비물을 잊거나 중간에 잃어버리는 일에 대해 꾸짖기보다는 해결 방법을 찾도록 부모나 선생님이 지지해준다. 숙제의 양을 아이에 맞게 줄 수 있는지도 여쭤본다. 선생님은 이것 자체가 다른 아이들과 차별이라 꺼리는 경우가 많다. 모든 양을 다 하지는 못해도 조금씩 늘거나 잊지 않고 가져오는 것을 칭찬해주려고 하자. 이를 가정과 학교에서 잘 연계할 수 있도록 선생님과 연맹을 맺는다.

일곱 번째, 선생님만 허락한다면 ADHD 자녀를 돕는 자원봉사로 학교에 가서 도와주는 것도 방법이다. 사소한 행동은 무시해주기를 부탁한다. 수업 사이 쉬는 시간에는 꼭 움직이거나 스트레칭을 통해 몸을 풀어주는 게 필요한 아이임을 알린다. 집에서 선생님과 연락할 일들에 대해서는 가능한 간결하게 만들어서 선생님의 과외 업무 짐을 최소화시켜 드린다.

여덟 번째, 선생님들이 가장 힘들어 하는 것은 부모가 아이 말만 듣고 반응하는 경우다. 부모가 자녀와 동맹을 맺어 선생님과 대항하면 학교생활에서 답이 없다. 자녀를 위한다면 부모는 선생님과 협력해야만 한다. 나의 관점과 중요한 타인의 관점을 하나로 만들어 아이를 제대로 도울 방법을 찾는다. 특히 친구문제 같은 경우 ADHD 자녀의 말만 들어서는 안 된다. 사회적 단서를 인지하는 면도 떨어지고 다른 사람들이 어떻게 자신을 바라보는지 등이 부족한 아이들이다. 자기 입장에서 본 것만 말할 가능성이 높다. 선생님의 관점에서 문제 가능성이 있는지도 살펴봐주길 당부한다.

마지막으로 선생님과의 관계에서 가장 중요한 것을 정리해보겠다. 그것은 '부모의 선생님을 향한 태도'이다. 부모는 선생님과 한 학년 동안 아이의 파트너십을 만들어 가야 한다. 선생님은 아이를 돕는 한 팀의 파트너다. 그렇다고 아이의 문제를 해결해줄 거라고 섣부르게 기대해서는 안 된다. 선생님은 나의 자녀만 바라보고 있는 분이 아니다. 그리고 선생님은 부모같이 자녀를 대해주지도 않는다. 그럴 의무도 없다. 선생님은 여러 학생 중 한 명으로 내 자녀를 대할 것이다. 그 이상을 기대하지 않는다.

부모는 '선생님의 노고에 끊임없이 감사하는' 태도를 갖는 게 기본이다. ADHD 자녀를 둔 부모는 자녀 한 명에도 쩔쩔매며 힘든데 반에서 여러 성향의 아이들과 씨름하는 선생님의 수고는 이루 말할 수 없다. 항상 감사하는 마음을 먼저 보인다. 그리고 선생님께 부탁드리고 싶은 사항은 최대한 부드럽게 요청한다. 대화의 시작은 "얼마나 수고가 많으신가요?"이다. "애써 주셔서 감사하다."는 말로 선생님의 마음도 위로해드린다.

그렇다고 이런 태도를 '갑을 관계의 행동'으로 여겨서는 안 된다. 부모들은 '자식 둔 죄인'이라는 표현을 많이 쓴다. 나는 개인적으로 부모 자신이 '자식 둔 부모가 을'이라는 표현에 격분한다. 이는 선생님을 갑질하는 사람으로 명명하는 것이고, 동시에 선생님의 갑질은 어쩔 수 없이 묵인하겠다는 말이 아닌가? 선생님도 자신을 이렇게 취급하는 부모가 달가울까 싶다. 아이를 위해 애쓰는 선생님을 마음 깊이 존중하는 태도가 필요하다. 선생님께 기대해서는 안 되는 부분의 한계를 분명히 알고, 동시에 부모로서 자녀를 위해 요구할 것은 요구할 수 있는 당당함이 필요하다. 선생님을 공경하라는 건 선생님께서 자신의 권력을 함부로 쓰도록 방치하라는 말은 아니니까 말이다.

공부는 포기해야 하는 영역이 아니다

"지훈아. 이제 숙제해야지?"

"아. 벌써야. 이거 5분만 더 보고…."

또 시작이다. 한 번에 '예' 하고 시작한 적이 없다. 숙제만 시키려면 저 모양이다.

"너 5분만이 몇 번째인 줄 알아? 이젠 됐어! 그만 보고 들어가! 아니면 엄마가 그냥 확 꺼버린다!!"

"엄마는 엄마 맘대로야! 엄마는 보고 싶은 거 다 보면서 왜 나는 안 돼?"

"네가 어른이야? 엄마도 너만 한 때는 다 공부하고 그랬어."

"알았다니까. 이것만⋯."

지훈이는 몸을 배배 꼬며 또 미루기 시작이다. 절대 약속한 시간에 한 적이 없다. 적어도 내 기억엔⋯. 쏟아지는 잔소리에 잔뜩 인상을 찌푸린 지훈이는 마지못해 책상에 앉아서 책들을 꺼낸다. 그러곤 또 가만히 있는다. 도대체 뭘 해야 할지 모르는지 아니면 하기 싫어서 저렇게 멍하게 있는지. 숙제만 하려면 멍해지는 표정이다. 정말 보기 싫다, 저 표정.

책상 앞에서도 나는 도를 닦는 기분이다. 책을 펴라고 하면 지훈이는 꾸물꾸물 행동도 느리다. 다른 것을 할 때는 초고속으로 재빠르던 녀석이 공부만 하려면 완행열차가 된다. 몸은 축축 늘어지고 책상 앞에서 시작하려면 징징징. 여기에 나를 더 화나게 하는 것은 자기 기분이 좋으면 10분만에 할 일을 아예 시작도 못한다는 거다. 빨리 하고 자기도 쉬고 나도 쉬었으면 좋겠는데. 동생 숙제도 봐줘야 하는데 지훈이 때문에 동생은 항상 뒷전이 되는 것도 미안하고 속상하다.

"내일까지 해야 하는 게 뭐야?"

"어. 글쎄."

"영어 학원에서 시험 있다고 하지 않았어? 단어는 다 외운 거야? 수학은 학습지 다 풀었어? 내일 선생님이 오시는 거 맞지?"

공부 준비만 하는데도 한나절인 거 같다. 그렇게 알려줬건만 공책이나 자료는 늘 자리에 없고, 숙제가 뭔지도 내가 매번 확인해야 한다. 아무리 당부해도 지훈이는 별로 관심이 없다. 자기 일인데 어쩌면 하나부터 열까지 내가 다 끌고 가야 하는지 지친다. 벌써 5학년이나 되는 녀석을….

몸집은 엄마만 한데 하는 짓은 지 동생만 못해서 걱정되고 속상하다. 이제 2학년인 여동생 지현이는 얼마나 재빠르게 알아서 잘하는지 모른다. 숙제하라면 큰 무리 없이 시작하고 한 번 하면 야무지게 풀어놓아 손 갈 데가 없다. 지현이를 보면 '자기 것을 이렇게까지 빨리 해내기도 하는구나' 감탄도 하게 된다. 이에 비해 지훈이는 아직도 숙제로 실랑이를 해야 하니 답답하다. 툭하면 미루는 학교 숙제를 제대로 해갈 리 없다. 숙제를 해오지 않아 선생님이 뭐라 해도 창피하지 않나 보다. 선생님의 꾸중을 아무렇지 않게 생각하는 것 자체가 도무지 이해되지 않는다.

어쩌다 숙제해놓은 걸 보면 지저분하기 짝이 없다. 글씨도 제멋대로라 도무지 읽을 수가 없다. 일기 숙제는 나에게 정말 지옥이다. 일기를 쓴다고 해서 가서 보면 한 줄 써놓고 멍하게 있거나 딴전을 피운다. 그렇다고 항상 글을 못 쓰는 것도 아니다. 글을 잘 쓸 때 나도 감탄이 나올 정도다. 글씨도 반듯할 때가 있다. 문제는 이런 모습이 극히 드물다는 거다.

아이가 마음만 먹으면 할 거 같은데 안 하니 더 속상하다. 될 것 같은 녀석을 하기 싫어한다고 그대로 두는 것도 엄마로서 아닌 것 같아 나도 포기가 안 된다.

혼자 과제를 풀라고 하면 보통 두 가지 모습이다. 하나는 대충 빨리 푸는 것이다. 그런데 맞추면 답은 다 틀렸다. 아니면 한 문제 풀고 멈춰 있는 것이다. 그 이유는 딴생각을 했거나 자꾸 밖으로 나오기 때문이다. 물 마신다, 화장실 간다, 무슨 소리를 들었다는 등. 들락거리느라 제대로 될

리 없다. 꾸준히 하질 못한다.

오늘도 역시 아이가 해놓은 걸 보니 대충이다. 지훈이는 다 했다고 큰소리치지만 채점하면 답을 다 비껴갔다. 모르고 틀리면 화도 안 난다. 어제는 잘 푼 공식인데 오늘은 왜 틀리는 걸까? 왜 숫자를 빼먹고, 그 쉬운 계산에서 실수연발일까. 제발 종이에다 풀어라 해도 암산으로 하고, 질문 내용을 놓치고, 배운 지 얼마 안 된 공식도 까먹고. 정말 못 견디겠는 건 대충 해버리는 이런 모습이다. 다른 아이들에 비하면 매우 적은 양의 숙제를 하면서도 이렇게 엉망이고 하기 싫어하니 학교 성적이 제대로 나올 리가 없다.

온몸을 꼬며 화를 내는 지훈이를 엄히 다뤄 문제를 풀게 하면 신기하게도 또 해낸다. 그러니 나도 자꾸 화를 내면서도 시키게 된다. 혼자서 이렇게 하면 될 것을 왜 나만 없으면 엉망으로 해놓는지. 평상시도 이러니 시험 때는 더욱 끔찍하다. 나는 어떻게라도 공부를 시키려 하는데 지훈이는 자기가 항상 너무 많이 했다고 한다. 사회나 과학을 싫어하지 않는데 외우라고 하면 안 한다. 이해했으면 됐지 왜 외우냐는 거다. 문제집이라도 풀게 하려면 아주 극소량만 풀고. 일단 오래 하는 게 너무 힘들다. 학년이 올라가니 공부 내용도 많아지고 공부 시간이 절대적으로 필요한데 지훈이는 견뎌내질 못한다.

지훈이를 공부시키는 것에서 나도 해방되고 싶다. 아니 좀 편해지고 싶다. 남편에게라도 떠넘기고 싶은데 바쁘고 피곤하다고 되려 떠넘기기 일쑤다. 밤마다 치르는 이 고달픈 일상에서 벗어나고 싶다. 지훈이가 알아서 공부하는 날을 꿈꾸는 내가 무리일까?

백전백승의 공부전략, 부모 욕심 버리기 ───────

ADHD 자녀와의 숙제나 공부는 가장 큰 싸움 중 하나임에 분명하다. 숙제만 없다면 이들과의 가정생활은 훨씬 행복할 거다. 숙제나 공부가 힘든 것은 그 자체보다는 '미루는 것, 꾸물거리는 것, 말다툼이나 실랑이하는 것, 감정싸움으로 서로 격해지면서 울부짖는 것에서 오는 엄청난 에너지 소모와 시간 소비'에 있다. 공부도 하기 전에 자녀, 부모 모두 기분이 상해져서 격한 감정에 억지로 시키고, 하게 되기 십상이다. 그런 부정적 감정으로 꽉 차 있는 상태를 즐거워할 부모나 아이가 누가 있을까?

여기에 이들을 더 끔찍하게 하는 건 시작 전도 힘들지만 막상 시작해도 숙제나 공부가 원활히 유지되거나 완성되지 않는다는 점이다. 남들은 '시작은 반이다'라 하지만 ADHD 자녀는 시작 후에도 장담할 수 없다. 시작도, 과정도, 마무리도 뭐 하나 만족스런 순간이 없으니 이 싸움의 끝이 있는가 싶어 고통스러울 수밖에 없다.

그렇다고 계속 싸울 순 없다. 이런 소모전은 자녀도 부모도 삶을 너무 불행하게 만든다. 싸움을 줄이기 위해 극적 변화를 꿈꾸기보다 작은 노력들이 일으키는 변화를 기대하자. 먼저 작은 시도로서, 공부 등 자녀가 싫어하는 활동을 할 때 연습시킬 것은 '하던 일을 멈추는 것'이다. 아무리 좋아하는 것을 하더라도 'stop'에는 멈춰야 한다는 인식이 있어야 한다. 이런 멈춤 행동이 ADHD 자녀는 매우 미흡하기에 일부러 가르쳐야 한다. 공부 시작 전의 실랑이를 줄이기 위해 일상에서 이를 우선 연습한다. "멈춰라." 했을 때 멈추면 바로 강화해주어야 한다. 칭찬이든 물질적 보상이든 자녀와 정한 상을 바로 준다. 바로 멈추고 공부를 시작하는 데로 옮길 경우, '공부 양이나 시간을 줄여주기'로 강화를 준다면 효과적일 거다.

이때 기억할 점은 상(강화) 없이는 ADHD 자녀가 잘 움직이지 않는다는 점이다. 언제까지 이렇게 상을 주면서 해줘야 하나를 묻는 부모들이 많다. 이런 모습이 철없이 느껴지고 어린아이 같아 빨리 그만하고 싶어 한다. 하지만 ADHD 자녀는 외적 강화의 시간이 또래보다 오래 지속된다. 그 시간을 조율할 수 있는 것은 자녀뿐이다. 자녀가 보상에 연연하지 않고 움직일 때도 분명 온다. 언젠가는 내적 강화로 돌아서는 날이 온다는 사실을 믿어줄지 말지는 부모 몫이다.

지훈이처럼 공부 시간을 아주 늦은 시간까지 미루는 아이들이 있다. ADHD 자녀마다 자신이 공부를 잘하는 시간은 따로 있는데 대다수는 이렇게 미룬다. 그래도 부모가 함께 자녀가 원하고 공부가 잘되는 시간을 찾아본다. 미뤄서 하려는 아이들의 의견도 들어준다. 막상 해보면 제대로 되지 않을 수 있다. 미뤄서 새벽이나 아침 일찍 일어나

하고 간다면 아이에게 맡겨도 좋다.

하지만 결국 공부나 숙제를 하지 않는다면 이들은 미루기를 통해 자아를 방어하려는 것이다. 간혹 완벽의 기질 때문에 미루는 아이들도 있다. 미루다가 대충하고 결과가 좋으면 '이것밖에 안 했는데 이렇게 잘했으니 훌륭하다'라고 생각하고, 반면 결과가 나쁠 때는 '내가 안 해서 이것밖에 안 나온 거야'라고 생각할 수 있다. 결국 '미루기'는 자기를 보호하려는 모습이다. 최소한 자기를 다치게 하고 싶지 않은 회피적 태도랄까.

ADHD 자녀들의 미루는 모습에는 이런 자기 방어도 있지만 '싫어서' 마냥 미루는 경우도 많다. 공부양이 많고, 시간도 너무 길고, 지겹고, 어렵다는 기분이 공부하는 내내 너무 자주 든다. 그래서 "지겨워."라는 말을 하거나 늘어지는 행동을 보인다. 그런 지겨움을 잊으려니 공부하다 쉽게 산만해진다. 그런데 이들이 미루지 않고 빨리 할 때가 있다. 바로 자기가 원하는 활동이 바로 이어진 경우다. 그러면 놀라운 속도로 과제를 해내고 정확도도 좋을 때가 많다.

이런 모습을 보면서 부모는 ADHD 자녀가 할 수 있는데 안 한다는 생각이 들 것이다. 이 생각은 절대적으로 바꿀 필요가 있다. ADHD 자녀의 모습이 원래 이렇다. 그들은 좋아하는 강화물이 있을 때 반짝할 수 있을 뿐 평상시에는 공부하는 전 과정이 힘겹다. 즐거운 기분으로 하기가 여간 어려운 게 아니다. 이런 ADHD 자녀의 주의력 문제를 집행능력의 어려움이라고 말한다. 집행능력은 '과제를 시작하거나,

좋은 것이든 싫은 것이든 참고, 주의를 유지하고, 계획하고, 실행하고, 자신의 행동을 점검하면서 문제를 해결하고, 과제를 완성하며, 자신의 생활이나 과제 등 전반을 조직하는 능력'을 말한다. 지훈이가 엄마와 공부에서 보이는 실랑이는 이런 집행능력 문제의 예를 보여준다.

반가운 소식 중 하나는 이런 집행능력은 훈련으로 향상시킬 수 있다는 점이다. 아이들의 관점에서 구체적으로 이미지를 그릴 수 있도록 돕는다. 먼저 지훈이에게 이런 집행능력의 실체를 인식시키기 위해서 '머릿속 짱(대장)'이 있음을 알려준다. 과제를 시작하지 못하거나 산만해지는 모습이 있을 때 '머릿속 짱'이 사라졌다고 알려준다. 그래서 '머릿속 짱'이 다시 지시를 내려서 활동하게끔 알린다. 이러한 활동은 아이들의 존재감을 부정적으로 보지 않게 하면서 자기를 통제하는 연습을 하기에 도움이 된다.

미루기에 대해서도 마찬가지다. 마음속 '미루기 괴물'이 자꾸 활동하고 있다고 알린다. 그 '미루기 괴물'이 활동하고 있음을 인식하고 어떻게 이겨나갈지를 함께 알아본다. 그래서 ADHD 자녀가 자신을 '미루고 게으른 아이'로 느끼지 않게 한다. 성품을 건드리지 말고 행동을 분리시켜 생각하게 하기 위해 '미루기 괴물'을 이야기하는 거다. 그 '미루기 괴물'의 활동이 왕성해지는 상황을 같이 이야기해본다. 아이들은 자기와 구별되기 때문에 미루기 괴물의 존재를 한결 편하게 여기고, 물리칠 방법을 찾게 된다.

또한, 숙제나 공부를 돕는 기간이 일반 아동보다 훨씬 길다. 아이 혼자서 알아서 하기를 빨리 기대해서는 안 된다. 조금씩 연습해서 충분히 혼자 해결할 수 있다고 판단되는 시간이 다른 아이들보다 오래 걸림을 이해해야 한다. 그 오랜 시간이라는 게 통계적으로는 2–3년 더 길어질 수도 있다고 한다. 하지만 내 아이가 얼마나 더 그런 도움이 필요할지는 개개인에 따라 다르다. 숙제할 때 필요한 도구들은 손쉽게 찾도록 책상 위에 준비해둔다. 숙제나 공부할 때 반드시 지킬 약속 중 하나는 주변 기기들을 끄는 거다. TV나 휴대폰, 컴퓨터 등을 끈다. 공부 주변을 단조롭게 한다. 부모의 절대적인 협조가 필요하다. 다른 가족이 원하면 이어폰을 끼고 듣거나 방으로 분리시키는 것이 좋다.

아이가 부주의해서 자꾸 실수가 많은 까닭은 지시를 빠뜨리고, 정보를 정확히 읽기 전에 시작하고, 문제로 바로 뛰어들어서 생각을 하기 위해 멈추는 법이 없기 때문이다. 재미있는 것은 이들이 주관식보다 객관식에서 더 어이없이 틀린다는 점이다. 정답처럼 보이나 결코 정답이 아닌 함정에 쉽게 빠진다. 이들을 돕기 위해서는 어려움을 보이는 학습 과제를 자세히 점검해서 부주의한 모습이 어떤지 객관적으로 점검한다. 문제를 해결하는 방법을 3–5단계로 제시해서 그 방식으로 문제를 풀게 한다. (예) 문제 읽기→문제 풀기→답 확인 : a. 문제를 정확하게 큰 소리로 읽었나? b. 질문에 따른 문제를 풀었나? c. 답을 제대로 썼나?) 구체적인 문제 풀이 과정을 시각적으로 보여주고 그렇게 풀도록 알려준다. 단계별로 점검하는 것을 부모와 함께 연습한다. '뭐 이렇게까지 해야 하나?' 싶지만 스스로 생각하기를 싫어하는 아이들은 생각 자체를 회피하기에 생각 훈련을 따로 해야 한다. 어떻게 생각해야 하는지 방법을 알려주자. "생각해 봐."란 말은 꾸중일 뿐 아이에게는 혼돈만 더한다.

공부하는 시간과 공간은 분명하게 정한다. 이동하며 공부하길 원하는 아이들도 있다. 그를 대비해 이동하며 공부하는 공간도 정한다. 가급적이면 규칙적이 되는 게 도움이 된다. 기대할 수 있는 시간과 환경이 충족되는 편이 ADHD 자녀들의 부주의를 줄이기에도 좋다. 간혹 아이가 공부하는 동안 부모가 옆에 있어줘야 하는지를 묻는 부모도 있는데, 아이의 주의력이 떨어지는 경우 부모가 옆에 있을 때와 없을 때의 수행차이가 현격히 나는 아이들이 많다. 이는 아이 스스로 주의 조절이 되지 않아 금방 주변 자극으로 넘어가는 걸 부모가 옆에서 제지해줌으로써 그나마 주의 유지가 되기 때문이다. 아이가 새로운 과제를 익힐 때까지는 옆에서 부모가 함께해주는 것이 필요하다. 이미 익힌 것을 테스트 형식으로 푸는 상황이라면 혼자 하는 연습을 한다. 학교 시험은 후자인 경우가 많아서 아이 혼자 문제를 풀면서 어떤 부주의나 산만함이 나타나는지, 어떤 과제에서 어떤 유형의 오류를 보이는지를 살펴야 한다. 부모가 도와주는 방법들은 모두 궁극적으로 '자녀가 홀로 서는 힘을 길러주기' 위함이다. ADHD 자녀에게도 마찬가지다.

지훈이의 경우는 아니지만 간혹 공부하다가 화가 나서 책상에서 난동을 피우는 아이들이 있다. 책상에 이마를 찧거나 연필, 지우개를 던지고 부러뜨리거나 공책을 연필로 갈겨 찢는 등 과격한 모습으로 돌변한다. 자기 머리를 때리거나 가슴을 치면서 답답함을 호소하기도 한다. 아이들마다 이런 모습을 보이기 전에 나타나는 신호가 있다. 그 신호를 미리 감지하는 것이 좋다. 아이의 격한 감정을 보고 부모도 격해지기 쉬우므로 미리 차단하는 게 좋다. 그러기 위해서 내 자녀가 기분 나쁘면 어떤 행동을 할지 예견할 줄 알아야 한다. 그리고 가능한 대체행동을 같이 찾아본다. 공부하다가 짜증나거나 힘들 때 어떻게 하면 좋을지도 찾는다. 부모도 어느 정도까지 눈감아줄지 생각해야 한다. 아이에게 공부는 절대 쉽지 않다. 힘든 과정이니 짜증이 날 수 있다. 그래서 부모가 옆에 있기를 바라는 아이들이 있다. 자신의 짜증난 감정을 풀어낼 대상이 필요하기 때문이다.

숙제와의 싸움이 끝나진 않겠지만 적어도 줄일 수 있다고 생각하자. 먼저 왜 자꾸 싸움이 생기는지를 알아본다. 과제가 어떠하기에 자녀가 그렇게 힘들어하는지, 과제 문제인지 아니면 다른 내적 문제인지 알아본다. 학교에서 속상한 경험이 있는 아이들은 공부에 집중하기 힘들다. 따라서 과제와 관련된 감정이나 생각을 나눌 필요가 있다. 아이의 경험을 충분히 들어주고 공부를 시작해도 좋다. 아마 이러면 자녀가 이야기만 하고 공부는 안 하려고 할까 우려할지도 모르겠다. 아이가 이야기를 했다고 속상한 마음을 이해하니 공부를 안 해도 좋다는 게 아니다. 그런 마음을 들어서 풀어내고, 공부할 건 하게 하는 거다. 공부 시작 전에 공부를 마친 모습을 상상하며 아이의 기분을 좋게 한다. 강화물로 기분 좋은 상상을 해도 좋다. 그런 다음 바로 시작한다.

일반적인 공부법은 버리자 ————

부모가 ADHD 자녀와 공부 갈등을 빚는 진짜 이유는 ADHD 자녀에 맞는 공부법을 모르기 때문이다. ADHD 자녀를 위한 공부 방법을 따로 배워야 한다. 가장 중요한 공부 방법은 '양을 절대적으로 줄여야 한다'는 거다. 그런데 이를 거부하는 부모들이 많다. 대개 부모들은 공부양의 차이는 곧 실력의 차이라고 굳게 믿는다. 그래서 차이가 생기는 것을 두려워한 나머지, 친구들 수준이나 그 이상의 공부양을 요구한다. 그래서 공부 때마다 다툼이 더 생긴다. 하지만 이렇게 싸워서 공부하는 것이 공부에서 가장 나쁘다. 한 연구의 공부 실험에서도 아이의 기분을 좋게 한 후 시험이나 공부를 하게 했을 때 높은 기억력과 어려운 과제를 끝까지 해결하려는 끈기를 보여줬다. 반면 기분 나쁜 상태에서 공부하면 기억력도 떨어지고 과제를 아주 적게만 하려는 모습을 보였다. ADHD 자녀와의 공부 싸움은 그렇잖아도 형성하기 힘든 공부의 내적 동기를 더 어렵게 만든다.

지훈이가 학교 숙제를 기분 좋게 할 수 있을 정도가 되려면 기타 사교육에서 오는 숙제를 많이 줄여야 할 거다. 학교 숙제를 중점으로 하는 생활 습관이 되지 않으면 학교생활에서 갈등을 겪을 확률이 높다. 선생님의 부정적 피드백은 친구들 사이에서도 자녀에게 악영향을 준다. 불성실해 보이는 태도를 좋아하는 사람은 없다. 결국 공부의 우선순위를 잘 찾아서 양을 줄이면서 질적으로 효율적인 공부 방법을 찾아야 한다. 사교육의 숙제를 중시할 것인가? 학교 숙제를 잘 준비시켜 갈 것인가? 아니면 많은 양을 대충할 것인가? 적은 양을 제대로 할 것인가? 등등의 선택이 부모 앞에 있다.

ADHD 자녀와 적은 양의 과제를 할 때 과제의 우선순위를 매긴다. 여러 과제의 점수를 각각 매기게 하고 높은 점수의 과제부터 할지 적은 점수의 과제부터 할지를 결정해서 순서대로 시킨다. 목표를 정할 때는 어차피 많은 양을 할 수 없는 아이임을 이해하고 양은 적지만 정확히 하는 연습을 해야 한다. 지훈이처럼 고학년의 자녀이면 부모는 적은 양의 공부가 턱없이 부족하다고 느껴 불안해할 수 있다. 하지만 자녀가 소화를 못 하는데 억지로 떠먹인다고 되겠는가? 억지로 먹은 밥은 배탈을 일으키는 법이니 자녀가 할 수 있는 양으로 조금씩 늘려가야 한다. 일반 아동과 같은 양을 기대하는 것을 좀 미루자.

신기하게도 때때로 ADHD 자녀들은 자신이 좋아하는 활동에서는 일반 아동보다 월등하게 많은 양을 소화하면서 놀라운 집중을 보인다. 부모는 이러한 집중의 모습을 놓치지 말자. 이런 모습을 칭찬하며 부모가 성적에만 연연하기보다는 아이의 수행 변화에 초점을 두고

격려한다. 그래야 언젠가는 ADHD 자녀가 혼자서 자신의 과제를 제대로 하는 법을 배울 수 있다. 그때가 언제일지는 모른다. 한 가지 분명한 사실은 일반 아동보다 느리게 가지만 결국 다 이룰 수 있다는 거다. 지금 당장의 성적에만 연연하다가 독립적으로 기능할 방법을 배우지 못하면 영영 부모에게 도움을 바라는 어린아이 상태로 남을 수밖에 없다. 평생 부모가 끼고 지금처럼 씨름하며 지낸다는 생각은 더 끔찍하지 않을까?

공부와의 싸움을 이기기 위해서는 ADHD 자녀를 제대로 이해하며 부모가 절대적인 욕심을 줄여서 적절한 기대를 가지도록 노력해야만 한다. 부모 마음에 성이 차진 않지만 그래도 내 자식이 힘들다는데 어쩌랴. 눈앞의 성적보다는 좀 더 큰 그림을 그려서 자녀를 보자. 학교에서 공부시키는 지금이 참 고통스럽지만 이 시간을 잘 견디면 곧 자녀가 꽃피울 시간이 올 거다. 그때를 위해 자라는 아이의 씨를 죽이지 말자. 자녀의 씨가 피어날 가능성을 믿자.

부모는 믿고, 믿고, 또 믿고, 믿어야 한다. 부모는 자녀에게 그런 존재이기에.

또 다른 장애물을 넘는 시기, 사춘기

" 차가운 겨울바람이 부는 날이면 대입 시험일이든지 졸업이나 입학 날이 떠오른다. 기분 탓일까? 신기하게 꼭 그런 긴장된 날일수록 날씨도 꽤 차가운 맛을 더한다. 벌써 초등학교 6년이 흘렀다. 꽤 긴 터널을 지나오는 기분이다.

오늘은 졸업식. 수희는 이제 어엿한 숙녀 티가 난다. 하지만 나는 저렇게 숙녀 티가 나는 수희의 모습에 걱정이 한가득하다. 보기엔 어른인데 행동은 점점 느려지고 맹하게 놓치는 일이 많다. 얼굴로 퍼지는 여드름은 온몸이 변화의 격동기를 지나고 있음을 강렬하게 보여준다. 어찌 얼굴뿐이랴. 감정의 기복은 마치 롤러코스터 같다. 언제 어디로 흘러갈지 모르게 감정의 변화가 빠르다. 화 때문인지 짜증도 늘고 언짢아하는 일도 많아졌다. 어제 일만 해도 그렇다. 수희는 오늘의 졸업을 준비하며 신 나 있었다.

"아, 벌써 6년이 다 지나다니. 내일은 친구들과 사진도 찍고, 맛난 것도 먹으러 가야지."

하루 종일 재잘거리며 내 옆에서 뭐 먹을지, 어떤 옷을 입고 갈지 흥분한 모습이었다. 그러더니 나를 도와준다고 옆에서 알짱거리다가 그만 음식을 쏟아버렸다. 크게 놀랄 일은 아니다. 수희가 만지는 물건들은 이렇게 쉽게 망가지거나 부서지는 일이 많기에. 행동이 어설퍼서인지 늘 자기 앞에 있는 물건을 제대로 보지를 못해서 쏟거나 떨어뜨리거나 엎지르는 일이 부지기수다. 그래도 잔뜩 준비한 음식이 쏟아진 것을 보니 순간 화가 솟구쳐 나는 그만 "또야?"라고 소리쳤다.

예전 같으면 내 눈치 보며 슬금슬금 피해서 닦거나 미안해하던 수희였다. 하지만 이젠 정반대다. 왜 자기에게 화를 내냐는 듯 토라진 표정과 살벌한 눈빛으로 나를 째려보고는 방문을 쾅 닫고 들어가서 문을 걸어 잠근다. 정말 적반하장이 따로 없다. 자기가 잘못해놓고 더 큰소리치는 듯한 모습에 나도 버럭 소리 지른다.

"너 엄마 앞에서 그렇게 버릇없이 문을 쾅 닫고 들어갈 거야? 어디서 문을 그렇게 쾅 닫으래? 지금 누가 잘못했는데? 너 그런 식으로 문 닫으면 문짝을 아예 떼버릴 거야!"

나도 질세라 문을 쾅쾅 두드리니 잔뜩 뿔난 얼굴로 수희는 문을 열었다.

"네가 쏟아놓고 왜 신경질이야?"

"내가 뭘 신경질 냈다고 그래!! 엄마 이런 말이 더 날 미치게 하거든? 왜 날 가만히 못 두게 하고…. 나보고 어쩌란 말이야…. 내가 일부러 그랬어? 나도 속상한데…. 내 몸도 내 말을 듣질 않아… 어쩌라고." 하면서 울음을 터트린다.

내가 도대체 뭘 그렇게 잘못했다고 이렇게 대성통곡을 하는지. 수희의 행동이나 감정을 감당하기가 힘들다. 좀 전까지 해맑게 웃고 까르르거리던 녀석이 저렇게 쉽게 울부짖고 짜증내는 아이로 바뀌는 것에 적응이 되질 않는다. 왜 그러는지도 모르겠고 꼭 격한 감정을 보여야 풀리나 싶은 게 주변 사람을 너무 피곤하게 만드는 것 같아 걱정도 된다.

행동도 야무지지 못한데 감정 기복도 점점 심해지면서 가족 모두 지쳐간다. 동생도 누나 때문에 집이 시끄러워진다고 불평이 많다. 누나랑 몸싸움도 많고, 누나라고 양보하며 져주는 법도 없다. 게다가 누나가 빠뜨리고 오는 학교 과제물을 동생이 챙겨다 준 적도 많다. 남동생도 점점 누나를 짜증스러워하고 누나의 격한 감정 표현이 어이없다는 표정을 짓곤 한다. 동생이 점점 누나를 우습게 보나 싶어 씁쓸해진다.

딸이라면 끔찍하던 남편도 수희가 자라면서 옷 정리나 방 정리도 여자답게 못하고 샤워하고서 옷도 안 입고 돌아다니거나 생리대 하나도 제대로 처리하지 못하는 행동에 불편해한다. 수희가 공부한다고 들어가서는 친구들과 SNS 하기 바쁘고 스마트폰에 빠져 있는 모습에 아빠가 언성을 높이는 일이 많아졌다. 그런 아빠에게 수희가 서럽다며 더 크게 소리쳐

울자 둘 사이가 점점 골이 깊어가고 있다. 6학년에 와서는 수희가 남친에 눈을 떠서 사귀려고 무던히도 애쓰는데 너무 남자를 밝히는 것이 아닌가 싶어 아빠는 못마땅하기만 하다.

한차례 폭풍우가 지나갔을까? 방문을 잠그며 들어간 수희는 저녁을 먹을 시간이 되자 방에서 나와 천연덕스럽게 식탁에 앉는다. 귀에 이어폰을 꽂고는 식구들과 눈 맞춤도 안 하고 혼자 좋아하는 음식을 거침없이 먹는다. 식구라 해도 자기 먹고픈 것만 저렇게 눈치 없이 먹는 게 철없게만 보이지 않는다. 며칠 전에도 손님 맞을 준비로 해놓은 쿠키를 조금만 먹겠다던 아이가 반은 먹은 것 같다. 마치 자신도 모르는 새에 언제 이렇게 많이 먹었나 하는 표정과 함께. 식사 예절도 없고 식구에 대한 배려도 없다. 밥 먹을 때만큼은 그러지 말라고 해도 소용없다. 이것까지 뭐라 하면 더 소란스러워질 거 같아 눈을 질끈 감았다.

자기 기분이 나쁘면 모두 무시하고 마음대로 행동하다가 기분이 풀리면 또 언제 그랬냐 싶게 변한다. 저녁을 먹고 핸드폰으로 뭔가 보더니 다시 깔깔거린다. 뭐 그리 재미있어 보이지도 않는데 배꼽을 잡으며 낄낄거린다. 뭐냐고 물어도 대답도 하지 않고 혼자 웃는다. 어떻게 식구들 앞에서 저렇게 자기밖에 모를까. 동생도 시끄럽다고 웃으려면 혼자 들어가서 웃든가 뭔지 알려주든가 하라고 화를 낸다. 그러자 수희가 동생에게 "넌 알 필요 없어!"라고 톡 쏘아붙이는데 정말 얄밉기 짝이 없다. 그러고는 내게 와서 애교를 피우는데 썩 편치 않다. 나는 아직 속상한 기분이 풀리지도 않았는데. 자기를 좋아하냐느니, 엄마랑 같이 자고 싶다느니 하는 말이 마치 빨리 자기 식대로 기분을 풀라고 강요하는 것 같다.

중학생이 되어가는 수희가 내게 너무 큰 산으로 느껴진다. 더 변덕스러워지고 자기밖에 모르는 행동을 하는 수희가 학교 친구들과는 잘 지낼지, 혹시 문제가 생겨 왕따가 되거나 싸움에 휘말리면 어쩌나 걱정이 앞선다. 저렇게 덤벙거리고 자기 것도 못 챙기는 여자아이가 있을까 싶다. 몸은 어른처럼 바뀌지만 속은 여전히 애 같은데 중학교 생활을 야무지게 해낼 수 있을까? 모든 게 커다란 관문이다.

감정의 롤러코스터를 타고 가는 수희가 관문을 잘 통과하도록 어떻게 도와야 할지 답을 찾고 싶다.

ADHD 아이, 이제 독립 욕구가 치솟는다! ─────

수희처럼 사춘기가 되면서 아이들은 놀랍게 변한다. 몸도 마음도 행동도 전과 달라진다. 소년, 소녀에서 신사, 숙녀로의 변화다. 성장 단계에서 아이와 성인의 중간 단계가 된다. 아이도 어른도 아닌 이 중간 지대의 사춘기 아이들은 과도기적 불안을 안고 회색지대로서 자기만의 색깔을 갖는다. 거칠어진 태도와 변덕스러운 감정은 위협적이기도 하고 때로는 더욱 고립시키게 한다. 심리적 독립을 위해 어른을 향한 저항이 생기고 또래의 단합으로 위안과 지지를 받는다.

사춘기 아이들도 달라진 모습에 스스로 불편해한다. 옷은 갈아입기 위해 벗었는데 아직 입을 옷을 만들지 못하고 결정하지도 못해 여러 탐색과 고민으로 결정을 유보하는 시기다. 호기심도 생기고 여러 시도도 하는 도전적 모습이지만, 또 한편으로는 불안정하고 독립적으로 이행하는 데 따른 책임 압박이나 고독에 힘겨워하기도 한다. 그들은 자신의 의지가 아닌 뇌와 호르몬의 변화로 방향도 모르고 달려간다. 일반 아이들의 이 '번데기' 단계도 극적 변화가 많은데 ADHD 자녀가 맞이하는 사춘기는 더욱 큰 요동을 겪는다.

사춘기의 시작은 요즘 초등학교 5-6학년에서 50% 이상 나타난다. 하지만 초등학교 시기는 아직 부모의 권위가 더 우선되며 부모와의 관계 끈도 강한 편이다. 그래서 아이는 부모에게 여전히 순응한다. 그러나 초등학교 졸업 후의 중학교 생활은 전혀 달라진다. 사춘기의 고지를 향해 달려가며 그룹을 만들어 행동하려는 동조집단의 성향이 가장 강력해지는 시기로, 혼자는 하염없이 미약한 존재로 느껴도 친구와 무리로 다니면 세상이 조금도 겁나지 않는 무법자로 돌변한다. 중학교 생활에는 부모의 도움이 개입되는 한계가 분명하다. 이러한 내적, 또는 관계 변화는 ADHD 자녀에게 더 큰 도전 과제를 준다.

우선 중학교 생활 자체가 ADHD 자녀에게 어느 것 하나도 수월치가 않다. 중학교 시스템에서 담임선생님의 역할과 개입 정도가 초등학교와 확연히 다르다. 다양한 과목의 선생님들이 있는데 각 과목의 수업 준비나 과목별 선생님과 어떻게 접촉하고 문제가 생길 때 어떻게 해결할지 등이 담임선생님의 보살핌 범주를 넘어서 학생 개인이 감당하는 몫이 된다. ADHD 자녀에게 이런 독립적 역할은 쉽지 않은 과제다.

초등학교 시기만 해도 선생님도 아동 중심이지만 중학교 이후에는 교육과정 중심이 더욱 분명해진다. 학업 중심의 중학교 생활은 학업 집중이 힘든 ADHD 자녀에게 더 큰 고난들이 많아지는 격이다. 많은 수행평가와 여러 과목을 동시에 공부하기 위해서는 뭔가 기억하고, 집중하고, 시간을 계획해서 관리하며 자신을 잘 조절하는 능력들이 요구된다. 이것들이 ADHD 자녀가 아주 취약한 집행능력과 관련된 것들이라 참 부담스럽기 짝이 없다. 그래서 부주의한 ADHD 자녀들의 모습은 중학교에서도 여전히 큰 문제로 남아 고통을 준다. ADHD 자녀의 문제해결이나 집중, 기억 기능은 보통 또래보다 4년 이상 지체된다는 보고도 있다. 중학교부터 친구들과의 격차가 점점 커진다. 특히 많은 양의 과제를 빠르게 해결하는 일, 동시에 처리할 일들, 덜 친숙한 과제 수행, 복잡하거나 할 일이 많은 일과표를 맞닥뜨린다면 이런 격차는 더 극명하게 나타나게 된다.

수희 엄마의 걱정은 어쩌면 이러한 중학교 생활에 대한 염려에서 나왔으리라. 그래도 부모가 가장 먼저 명심할 것은 중학교를 앞둔 ADHD 자녀들에게 부모의 불안을 전염시키지 않도록 주의하는 거다. 중학교 입학을 앞두고 많은 부모들이 수희 엄마처럼 당사자보다 더 불안해한다. 부모가 불안해하면 이것이 전달되어 아이가 더 예민해진다. 그렇잖아도 감정 기복을 보이는 ADHD 사춘기 자녀에게는 부모의 이런 태도가 불난 집에 부채질하는 격이다. 수희 엄마처럼 어른들은 염려하지만 막상 ADHD 자녀는 과거의 실패를 만회할 기회를 얻었다고 느끼기도 한다. 자신이 성장하고 있다는 즐거움이나 또 다른 친구를 사귀는 설렘, 새로운 것들을 시도할 기회로 중학교 생활을 맞이하기도 한다. 그러니 부모가 보는 불안한 면으로 ADHD 사춘기의 자녀를 몰고 가지 않도록 조심해야 한다.

사춘기가 되면서 ADHD 자녀와 부모가 가장 갈등하는 영역은 여전히 부주의하고 충동적이며 산만해서 학업이나 일상생활을 제대로 하지 못함에도 이젠 부모의 개입이나 관여를 허락하지 않으려 하는 아이의 독립적 태도다. 이 독립적 태도는 참 바람직하지만, 문제는 이들은 혼자서 할 수 있는 기술이 너무 제한된 상태에서 독립적 상황을 요구하고 있기 때문에 수행을 제대로 해낼 수 없다는 것이다. "내가 알아서 해!"라고 문을 걸고 들어가지만 절대 알아서 할 수 없는 아이들이 ADHD 사춘기 자녀다. 부모의 개입은 여전히 중요한데 그것이 쉽지 않다는 난제에 빠진다. 그래서 이런 갈등을 줄일 수 있는 방법 중 하나는 자녀의 사춘기가 오기 전에 주의집중 태도나 전략을 충분히 배우고 조절하는 기술들을 익히게 하는 거다. 이미 ADHD 자녀의 사춘기가 시작되어 부모에게서 거리를 두길 원한다면 사실 도울 길이 없다. 기다리는 수밖에. 사춘기의 최고 절정기가 지나면서 감정의 롤러코스터 속도가 점차 약해지는 시기가 온다. 그리고 자신의 어려움을 해결하고자 다른 사람의 도움을 스스로 청할 때가 온다. 그때까지 기다릴 수밖에 없다.

부모의 개입을 꺼린다고 ADHD 사춘기 자녀가 다 알아서 하도록 내버려두어서도 안 된다. 아이러니하게도 그들 역시 그걸 원하지 않는다. 자녀들은 필요할 때 언제나 도움이 되는 거리에서 부모가 준비하고 있기를 원한다. 홀로 세상을 알아간다고 활개를 치며 다니다가 상처받았을 땐 다시 부모를 찾기 때문이다. 부모는 이런 자녀를 위해 기다리는 마음을 지녀야 한다. 무엇을 도와줄지, 어떻게 도와줄지를 끊임없이 ADHD 사춘기 자녀와 협상한다. 일방적으로 강요하지 말고 부드러운 대화로 협상의 테이블에 앉혀야 한다.

그래서 사춘기 자녀와의 대화법이 주요 화두가 된다. 일단 중요한 대화를 할 때는 내 자식이 아니라 이웃집 자식이라고 생각하라. 냉정한 마음을 먹을 때는 가까운 사람일수록 남이라 여기고 대하면 객관적인 태도로 바뀐다. 대화는 상대를 비난하는 입보다 상대의 말을 들어주는 귀에 집중한다. 사춘기의 많은 궤변들을 먼저 들어주고 자녀 스스로 생각해보게 한다. '대화를 잘하는 사람은 잘 들어주는 사람'이라는 진리는 부모-자녀 관계에서도 마찬가지다. 눈 맞춤, 맞장구만으로도 얼마나 훌륭한 대화가 되는지 모른다. ADHD 자녀와의 대화법 중 '사.감.바.청의 4단계 Want 말하기 기법'이 있다.

사 : 나는……(사실)에

감 : ……(감정)을 느꼈어

바 : 나는 ……(바람)을 원하는데,

청 : ……해줄래?(청유형)

수희 엄마가 수희의 행동에 대해 "또 왜?"가 아니라 이 4단계로 대응해보자.

"엄마는 하루 종일 정성껏 준비한 음식을 네가 쏟아버려서(지금의 사실)

너무 속상해.(나의 감정)

수희가 일부러 그런 게 아니라면 미안하다는 말이라도 해주면 네 행동에 화가 덜 날

것 같아.(구체적 바람)

다음부터는 네가 모르고 하는 네 행동으로 엄마가 화가 날 것 같으면 빨리 죄송하다

고 해줄래?(청유형으로 부탁하기)"

수희가 엄마에게 화를 풀고 다가갈 때 "엄마 나 좋아?"라고 막무가내로 묻는 식이 아니라 4단계로 말하게 해보자.

"제가 엄마에게 꾸중 들어서(지금의 사실)

저도 갑자기 너무 화가 나더라고요. 일부러 그런 게 아닌데 자꾸 뭐라 하니까 저도 이

런 내가 싫기도 하고 무안도 하고.(나의 감정)

그래도 제 행동 때문에 엄마도 화가 나셨을까 걱정되고 빨리 풀지 않으면 저도 못 견

디겠어요. 엄마가 저를 싫어하는 기분이 들어서요.(구체적 바람)

엄마, 기분 나쁘게 한 거 죄송하고 빨리 풀었으면 좋겠어요.(청유형으로 부탁하기)"

사춘기,
더 예민해지는 여자아이들 ─────

ADHD 자녀라면 흔히 남아들을 떠올리는데 여아들도 꽤 있다. 하지만 수희처럼 ADHD 여아의 모습은 안타깝게도 부모에게 관심 밖이 될 때가 많다. ADHD 남아의 경우 문제로 여기고 빨리 평가도 받고 원인을 찾으려 하나, ADHD 여아의 경우 문제를 경시한다. ADHD 남아는 보통 충동적이고 과잉행동으로 나타나 쉽게 눈에 띄고 문제들을 온몸으로 겪는데 비해 ADHD 여아는 부주의하고 자꾸 까먹는 모습이라 답답하지만 조용하고 부끄러워하는 등의 소극적인 양상이기에 문제로 보지 않고 묻히곤 한다. 평가도 안 한 채 ADHD 여아를 느리다, 멍청하다 식으로 꾸짖게 된다. ADHD 여아는 부모가 원하는 모습이 아닌 자신을 미워한다. 그리고 그들이 원하는 상의 마스크를 쓰게 된다. 그래서 어린 시절 ADHD라는 사실을 모르다가 커서 알게 되는 여자들도 많다. 한 성인 ADHD 여성은 늘 위축되고 인정받지 못하고 남과 다른 자신에 대한 고통이 학령기, 사춘기에 쭉 있었다고 고백했다.

ADHD 여아는 동성 친구에게도 쉽게 거부된다. ADHD 남아들의 모습은 강도가 세기는 해도 또래 남자아이들도 자주 관찰되는 모습들이라 자기들끼리 수용하기도 한다. 하지만 ADHD 여아들의 모습은 '여자는 어떠해야 한다'는 일반적 통념에서 벗어나고 또래 여자아이들 사이에서 매력 없는 모습이 되어 그룹에 끼지 못하거나 친한 친구로 이어지지 못한다. ADHD 남아는 그들의 ADHD 특성이 남자 친구들 사이에서 긍정적인 모습으로 비춰질 때가 있지만 ADHD 여아의 경우, 부적절하게 끼거나 과한 감정 표현이 부정적으로 비춰져 꺼려지는 일이 많다. 여자 친구들은 신체활동보다는 언어적 상호작용이 많기에 그렇다.

또한 ADHD 남아는 치료도 빨리 개입되어 인지 능력에서 효과를 보지만 ADHD 여아는 인식도 잘 안 되고 치료도 안 되어서 학업에 부정적 영향을 줄 가능성이 높다. 자신이 다 해놓은 숙제를 왜 가져가지 못했는지가 늘 미스터리였다는 ADHD 성인 여성의 고백처럼, 조직이 안 되어 학업을 하려 해도 잘할 수 없어 속상해하는 ADHD 여아들이 꽤 많다. 여아들은 사춘기에 와서야 ADHD 특성이 인정되는 경우가 많고, 사춘기 불안이나 우울 감정을 느끼는 확률이 더 높다. 수희처럼 학업이나 어떤 능력에서 인정받지 못한다고 느끼는 ADHD 사춘기 여아는 친구들의 요구에 따르거나 이성에 매달리는 모습으로 넘어가기 쉽다. 블로그나 SNS 활동으로 만나보지 않은 친구들과 쉽게 교류해 주의가 필요하다. 특히 문자를 너무 생각 없이 써서 또래 그룹 방에서 욕을 먹거나 순간적 기분의 답글로 갈등을 빚는 경우도 많다. 좋지 않은 친구를 사귀거나 이성과의 성 문제가 발생할 우려도 있다. 그러므로 이들의 생활을 잘 구조화시켜서 일상을 관찰하는 부모가 있음을 알게 해야 한다. 올바른 이성관계 교육도 필요하다.

ADHD 사춘기 여아들은 자신의 ADHD도 잘 인정하려 않는다. 자신은 큰 문제가 없음을 보이려고 또래 친구들 사이에 끼려 무척 애를 쓴다. 그래서 이들의 상담도 참 힘겹다. 좀처럼 상담에 나타나지 않으려 하고 나타날 때는 친구 문제로 속상할 때 잠깐뿐이다. 해결된 것 같으면 또 상담을 거부한다. 개별적 존재로서 자기(self)와 함께, 남과 어울리는 자기의 균형감을 잘 유지하는 게 이 시기의 과제다. 그런데 ADHD 사춘기 여아들은 관계를 유지하기 위해 자신의 욕구나 감정을 너무 숨긴다. ADHD 사춘기 남아에 비해 남에게 맞추려 하고 더 결속력 있는 또래관계를 가지는 데 많은 에너지를 쏟는다. 그래서 ADHD 사춘기 여아들의 자존감이 무척 낮다.

자존감을 높이기 위해서는 ADHD 사춘기 여아들이 느끼는 변화나 불안정한 감정을 많이 나누고 격려해줘야 한다. 수희 엄마는 수희의 행동을 이해하지 못해 늘 불편해했다. 자신과는 다른 딸아이의 모습이 우려되기도 했다. 부모가 이질감을 느끼면 ADHD 사춘기 자녀는 제대로 수용 받고 있지 못하다는 거절감을 느끼게 된다. 수희의 행동을 창피하게 여기기보다는 부적절한 행동은 수정해주면서 칭찬할 면을 찾아 격려해주는 자세가 필요하다. ADHD 자녀의 훈육에서 처벌은 크게 변화를 이끌어내지 못한다. 더욱이 ADHD 사춘기 자녀와 대화할 때는 칭찬과 격려를 중심으로 해야지 그렇지 않으면 대화가 끊기거나 심하면 관계가 끊어진다.

ADHD 사춘기 여아들의 관계 욕구를 해소해줄 그룹 활동을 유지하며 적절하게 감독을 받도록 한다. 아이에게 스스로 인정받을 수 있는 크고 작은 그룹 활동을 권한다. 그룹이 어떤 형식이든 자신이 좋아하는 스포츠나 예술, 종교 활동을 찾아 꾸준하게 활동하다 보면 또래에서 인정받지 못한 부분도 새롭게 드러나거나 재해석될 수 있다.

ADHD 사춘기 여아들에게 멘토가 있는 것도 도움이 된다. 사춘기 초입에는 이런 멘토에 대한 거부감도 많다. 하지만 중학교 3학년 정도가 되면 장래나 학업에 대한 고민, 자신에 대한 이해 등을 객관적으로 나누며 알려줄 멘토를 찾는 경우가 많다. 실제 학업에서 부모가 도와줄 기회도 미약해지는데 이때 멘토의 코칭은 부모의 부담도 덜어주는 효과도 있다. 멘토는 같은 성별의 사람이 좋고 비슷한 성향이어서 자신의 극복 사례를 알려주는 것이 좋다. 이는 ADHD 사춘기 여아에게도 희망적인 메시지가 된다.

자립할 수 있는 힘을 심어주다 ————

다른 친구들은 ADHD 자녀들보다 빨리 성장해가므로 늘 부족하다는 느낌이 들 수 있다. ADHD 자녀의 삶을 중학교, 고등학교로만 단편적으로 보지 말아야 하는 이유다. 지금은 늦게 가도 독립적으로 살아갈 수 있는 능력을 제대로 구비해주기 위해 큰 그림을 보는 게 더 중요하다. ADHD인 위인들이 얼마나 많은지 모른다. 토마스 에디슨,

벤저민 프랭클린, 어니스트 헤밍웨이, 윈스턴 처칠…. 학창시절이 고 단할 순 있지만 그것이 인생 전반의 실패를 말하진 않는다. 오히려 ADHD 자녀의 성공사례도 많다. 부모가 ADHD 사춘기 자녀에게 반 드시 가르쳐야 할 부분은 홀로 설 수 있는 힘이다. 그런 힘 가운데의 하 나는 문제가 생겼을 때 스스로 결정하는 능력이다. 앞에서 배운 문제 해결의 4단계인 KITE(연)을 다시 적용해보면 다음과 같다.

Know   자신이 처한 상황을 안다.

Identify   상황을 해결할 계획을 생각해보고, 각 계획의 좋은 점, 나쁜 점을 생각해

본 후 하나의 계획을 결정한다.

Try   선택한 계획대로 시도해본다.

Evaluate   시도해본 결과를 평가해본다. 만족스럽지 못하다면 상황을 잘못 이해했

는지, 아니면 다른 계획이 더 나았을지를 살펴본다.

↓

K   친구가 내가 불러도 대답도 않는다. 친구가 내게 화가 나 있는 건지 친

구 기분이 나쁜 건지 알 수가 없다.

I   **계획1)** 직접 가서 물어본다.

좋은 점 : 오해 없이 빨리 친구의 마음을 알 수 있다.

나쁜 점 : 이런 행동을 더 싫어하지 않을까?

진짜로 나를 싫어한다는 말을 하면 나는 친구를 잃게 될 거 같다.

계획2) 주변 친구에게 물어본다.

좋은 점 : 친구들의 의견을 통해 그 친구의 상태나 나에 대한 것을 안다.

나쁜 점 : 주변 친구들이 나를 귀찮아 할 수 있다.

사실대로 말해주지 않을 수도 있다. 오히려 이간질할 수도 있다.

계획3) 나도 같이 모른 척한다. (나도 똑같이 그 친구에게 행동한다)

좋은 점 : 그 친구도 내 기분을 알아차리고 조심한다.

나쁜 점 : 친구를 잃을 수 있는 가능성이 높다.

T   2번으로 선택해서 그 친구와 가까운 주변 친구에게 무슨 일이 있었는지 아니면 그 친구가 내게 불만이 있는 건지 물어본다.

E   주변 친구에게 물었더니 너희 둘의 문제를 자기가 말 옮기는 거 싫다며 직접 물어보라고 했다. 그리고 내가 너무 예민하게 구는 거 아니냐고 했다. 그래서 정말 그 친구가 내가 부르는 것에 일부러 대답하지 않는 건지 아니면 그때뿐이었는지, 때때로 그런 건지 살펴보기로 했다. (상황을 다시 점검)

어차피 사춘기 자녀는 부모가 원하는 대로 움직이지 않는다. 현명한 방법은 ADHD 사춘기 자녀에게 적절한 기대를 하는 것이다. ADHD 자녀에게 완벽을 기대하지 말고, 자녀가 할 수 있는 능력 이상을 요구하지도 말아야 한다. 그렇다고 항상 ADHD 자녀가 실패할 거라고 당연시 해도 안 된다. 수희처럼 이기적이고 감정 조절도 제대로 못하는 모습이 부모를 괴롭히거나 반항하려고 일부러 하는 행동이라는 생각은 버려야 한다. ADHD 사춘기 자녀에게 통제의 끈을 느슨하게 풀어주고 실수가 많은 모습을 인정해준다. 실수를 통해 배우는 것 또한 또래보다 오래 걸려서 행동 수정도 빠르지 않다는 점을 이해한다. 그러면서 ADHD 사춘기 자녀도 언젠가는, 그때가 언제인지 당장은 알 수는 없지만, 반드시 하게 되리라 믿고 인내하는 마음이 부모에게 필요하다. 그러니 ADHD 사춘기 자녀의 행동에 맞불로 붙으려 말고 지나치게 자존심을 꺾는 표현들을 쓰지 않도록 주의한다. 이들의 충동성은 사춘기의 또래보다 강렬해서 어떤 행동으로 뛰쳐나갈지 모르니 최악의 일들을 떠올리며 부모가 먼저 조심해야 한다.

인생의 여정에서 만나는 사춘기라는 바람을 순풍 삼아 자연스레 몸을 실어 보자. ADHD 사춘기 자녀와 동행하는 길에 통솔권을 자녀에게 넘겨주고 어떻게 수행하는지 살펴보자. 실수도 있지만 잘 해내는 면도 분명 있다. 칭찬해주고 격려하며, ADHD 특성을 안고 살아가는 자녀가 스스로 세상을 개척하는 법을 깨닫고 혼자 우뚝 설 그날을 그리며…. ADHD 자녀와 함께 항해하는 부모가 되어보자!

ADHD 자녀의 갈등 영역 점검표

어느 영역에서 ADHD 문제 행동을 보이는지를 살펴보는 체크리스트다. 이를 통해 자녀가 잘하고 지내는 영역과 그렇지 않은 영역을 구별해서 볼 수 있고 부모가 가르치고 도와야 할 영역도 분명해질 수 있다.

1. ☐ 아침에 실랑이 없이 일어나기
2. ☐ 아침에 단정하게 옷 입기
3. ☐ 단백질(예〉 콩, 고기, 달걀 등)이 포함된 아침 식사 하기
4. ☐ 약 먹기
5. ☐ 이 닦기, 세수하기, 머리 빗기
6. ☐ 잠자리 정리하기
7. ☐ 교과서, 숙제 등 학교 가방 챙기기
8. ☐ 아침에 부모나 형제와 다투지 않기
9. ☐ 시간 맞춰 학교 가기
10. ☐ 시간 맞춰 교실에 도착하기
11. ☐ 학교에 교과서나 준비물을 갖고 오는 것 기억하기
12. ☐ 숙제를 가져가는 것 기억하기
13. ☐ 교실에서 자리에 앉기
14. ☐ 학교 수업 활동에 참여하기
15. ☐ 교실에서 이름 부를 때 말하기
16. ☐ 교사 말에 끼어들지 않기
17. ☐ 점심 먹기
18. ☐ 숙제 알림장에 써오기
19. ☐ 숙제에 필요한 교과서나 물품들을 집으로 가져오는 것 기억하기

20. ☐ 다른 아이들과 대화하는 방법 배우기

21. ☐ 싸우지 않고 갈등 해결하고 사이좋게 노는 방법 배우기

22. ☐ 방과 후 집으로 오기

23. ☐ 숙제하기

24. ☐ 숙제와 학교 준비물들을 잘 정리해서 잃어버리지 않게 하기

25. ☐ 부모의 훈계를 경청하기

26. ☐ 저녁을 집에서 먹기

27. ☐ 단백질, 과일, 야채를 곁들어 저녁 먹기

28. ☐ 집안일 돕기

29. ☐ 형제나 이웃과 잘 화합하여 놀기

30. ☐ 장난감이나 종이 등을 치우기

31. ☐ 자기 전에 방 정리하기

32. ☐ 부모와 다투지 않기

33. ☐ 문제를 타협하는 방법 배우기

34. ☐ 책 읽기, 그림 그리기, 만들기 등의 시간 보내기 & 생각을 요구하는 활동하기

35. ☐ 모호하거나 불분명하지 않게 자신의 생각이나 감정 표현하기

36. ☐ 자기 전에 이 닦고 씻기

37. ☐ 잠자리 전에 화장실 가고, 조용하게 쉬기

38. ☐ 아침까지 잠을 자고 부모를 깨우지 않기

39. ☐ 실수에 대해 용서를 빌고 책임지고 다시 회복하려는 노력하기

40. ☐ 다른 사람을 위해 '사려 깊은' 행동하기

41. ☐ (기타)_____

(출처: 《Parenting Children with ADHD》 Vincent J. Monstar 지음)

Chapter_05

아이를 지키기 위해
내 마음을
잘 지켜야 한다

아이와 행복해지는 삶,
부모 자신을 잘 보듬고 지치지 않기 위한 마음처방전

마음의 짐이
버겁게 느껴질 때

나에게 잠은 참 달콤하다. 따스한 이불 속 세계는 작지만 최고의 아늑한 장소다. 바쁜 일상 중 실컷 자봤으면 하는 마음은 아주 간절한 소망이기도 하다. 그런데 가끔은 자고 싶은데 잠이 오지 않는 밤으로 괴롭다. 알 수 없는 번민들이 내 마음을 내리누르면 하얀 밤이 되어버린다. 한밤중 갑자기 떠오르는 많은 일들로 머릿속이 복잡하다. 내가 다해낼 수 있을까? 마음에 짐스럽다. 시작해야 하는데 미뤄진 일부터 지금 당장 생각해도 별 수 없는 잡다한 일들이 어느새 내 마음 위에 커다란 돌덩이가 되어 짓누른다. 눈을 감아도 점점 더 또렷해지는 기분과 더 선명해지는 생각들은 물먹은 솜처럼 무겁게 나를 내리누른다.

새벽녘 별들도 잠든 고요한 적막 속에서 삶의 무게감에 힘겨워하는 내 마음에 나는 어찌 할 바를 몰라 당황스러워진다. 어디서 많이 본 듯한 이 모습, 곰곰이 떠올려 보니 상담실에서 만난 엄마들의 마음과 닮았다. ADHD 자녀로 인해 지쳐 손가락 하나도 들기 힘든 표정으로 나를 바라보던 눈망울이 머릿속을 스친다. ADHD 자녀를 이해하고 도와주기를 바라는 나의 말에 지친 눈빛으로 짜증 섞인 외마디를 던진다. "나보고 또 더 하라고요?"

이미 소진된 부모들은 ADHD 자녀를 바로 보기조차 힘겨울 때가 많다. 그럴 때면 지쳐 쓰러질 지경인 부모에게 내가 잡아주는 손이 되기는커녕 채찍질하는 손이 되었구나 싶어 당황스럽기도 했다. 부모의 짐을 덜어주겠다는 나의 성급함이 오히려 지금 부모의 부담감을 무시하는 행동이 되었다. 부모의 마음을 외면한 채 부모를 끌고 가려 했던 나의 행동을 후회하던 기억이 난다.

부모는 ADHD 자녀와의 생활에서 이미 너무 많은 짐을 지고 있다고 푸념한다. 그래서 상담실을 방문하는 부모들은 자신의 짐을 상담가에게 덜어내고 싶어한다. 나도 부모의 어깨 위에 얹힌 삶의 무게가 벅차 보이면 그 짐을 나눠주고 싶다. 하지만 내 방식으로 부모의 짐을 처분할 순 없다. 부모가 자기 짐의 무게를 느끼고 내려놓을지 견딜지를 결정하도록 도울 뿐이다. 그 결정을 바르게 하기 위해서 우선 부모의 마음을 잘 헤아려줘야 하는데 나도 이 '마음 헤아리기'를 자꾸 놓친다. 부모가 어찌하여 이렇게까지 상황을 짐스럽게 보게 되었을까. 부모 마음의 짐은 사실 부모가 만들어낸 것일 수도 있다. 상담가로서 나는 그런 마음을 잘 헤아리며 관점을 달리 하도록 돕는다. 그런데 부모가 빨리 성장하기를 바라고 ADHD 자녀의 조기 개입으로 변화를 이끌려고 나도 모르게 부모를 재촉이곤 한다. 그래서 부모의 짐 무게를 간과해서 아차 싶고 죄송할 때가 종종 있다.

부모의 감성 에너지를
회복해야 할 시간 ————

만약 당신이 ADHD 자녀의 부모로서 뭔가를 새롭게 시도하는 것을 짐으로 느낀다면, 지금 잠깐 멈춰보자. 혹시 아이와는 상관없이 나 자신의 삶 전반이 갈 방향을 잃어버려서 오는 혼란일 수도 있다. 차가 굴곡진 도로를 달리며 흔들리면 쉽게 멀미가 난다. 차 안에서 코앞의 길을 보면 멀미를 할 수밖에 없지만 눈을 들어 먼 풍경을 담으면 차의 요동을 느끼지 않게 된다. 마찬가지로 너무 많은 짐들로 눌리면 시야는 좁아지고 바로 눈앞의 길도 제대로 보기 힘든 상태가 된다. 지금은 잠시 나무 아래, 물가 옆에서 쉬듯 자신과 떨어져서 나를 객관적으로 보는 시간이 필요하다. '가만히 자신을 바라보기'라는 쉼을 통해 에너지를 회복해야 한다. 무슨 짐인지, 왜 내가 이런 짐을 져야 하는지, 언제까지 지고 가야 하는지 등 알 수 없는 삶의 수많은 질문들을 대답하거나 섣부르게 지금 짐을 내려놓으려는 행동보다, 일단 멈춰서 지쳐 있는 나를 보는 시간이 필요하다. 가던 길을 멈춰서 그냥 쉬어야 하는 때다.

잠 못 드는 나를 떨어져서 보았다. 내 안에서는 어떤 소리가 들렸을까? '나보고 또 더 하라고? 이미 나는 지쳤는데 어떻게 이것들을 해낼 수 있을까? 나도 좀 쉬고 싶은데. 할 일이 이렇게 많다니 이제 쉴 수는 없는 건가?' 이런 생각과 함께 짜증이 늘고 마음이 갑갑해진 내가 보인다. 머릿속에 꼬리를 물고 이어지는 일들은 얽혀만 가고 진전되는 건 없다. 갑자기 의욕이 떨어지고 모든 걸 해낼 수 없을 것 같아 의기소침해진다. 잠 못 드는 하얀 밤은 내 에너지가 거의 타 버리고 바닥났다는 신호였다. 심리학적 표현으로 이런 증상을 '소진 증후군(Burnout Syndrome)'이라 말한다. '감성 에너지라는 배터리가 완전히 방전되었을 때 나타나는 뇌의 심각한 피로현상'이다. 모든 게 심드렁해지고 전에는 삶의 의미였던 일들에서 좀처럼 충족감이 느껴지지 않는다. 감성 에너지가 마이너스가 되면 불안과 강박 같은 자기 파괴적 틀 안에 나를 밀어 넣어 옴짝달싹 못하게 만든다. 무엇을 하든 삶의 의미를 발견하기 힘든데 뭔가를 더 하라는 얘기가 당연히 마음에 닿을 리 없다. 무의미하다는 것만 더 깊게 느껴질 뿐이다.

당신도 자신의 짐이 무겁다고 느낀다면 마찬가지로 소진 증후군에 빠져 있을 가능성이 높다. 이때 ADHD 자녀를 위해 지금 내가 무언가를 하겠다는 것보다 더 중요한 것은 타버려 재밖에 남지 않은 부모 자신의 감성 에너지를 회복하는 거다. 가장 빠른 회복의 길은 나를 이해해주는 누군가와의 접촉이다. 진정한 내 편을 찾아보자. 남편일 수도, 친구일 수도 있다. 상담실에 온 부모들은 자신의 주변에서 '해가 되지 않는 내 편'을 쉽게 찾을 수 없어서 상담자를 찾기도 한다. 상담가의 만남으로 따뜻한 감성을 회복해서 소진 증후군을 극복해간다. 굳이 답을 알아낼 필요는 없다. 하고픈 말을 두서없이 쏟아내면서 홀가분해지면 다시 짐을 갖고 걸어갈 힘이 생긴다. 인생에서 짐이 없는 자가 어디 있겠나? 사람은 각자의 짐을 지면서 인생의 길을 잘 견디어 가기 위해 시시때때로 누군가의 격려와 위로가 필요하다.

두 번째로 소진된 에너지를 잘 충원하기 위해 '자신을 위한 사치스러운 시간'을 갖자. 사치라는 표현은 많은 부모들이 자신을 위해 뭔가 하는 것을 사치로 여기기 때문에 쓴 것이다. 그런 의미의 사치라면 매우 정당하게 부려도 된다. 삶의 무게를 버티며 지금까지 잘 걸어온 나를 토닥여주며 수고함에 값진 보상을 해주자. 내가 나에게 해주고 싶은 것을 하는 거다. 요즘 엄마들 사이에서 유행하는 네일아트도 한 예다. 어떤 엄마는 게임을 시작했다고 한다. 자녀와 좋은 시간을 보내고 자신도 즐겁단다. 나는 몇 해 전부터 '맛있는 여행'으로 보상한다. 바쁘게 움직이는 생활을 쪼개서 가족이나 친구들과 가까운 맛 기행을 떠난다. 자연도 느끼고 맛난 음식으로 배도 부르다. 아름다운 자연을 보며 미물인 나의 존재를 다시 한 번 느끼고 자연의 위대함 앞에 경건해지는 그 기분이 좋다. 아직 입맛이 살아있어 맛의 기쁨을 아는 것도 감사하다. 근사한 곳에서 자거나 비싼 음식으로 배를 채우는 것이 아니다. 구석진 곳의 맛집을 통해 사람 냄새와 손맛을 만난다. 새로운 만남 자체로 충분히 기분 좋다.

나를 위한 돈과 시간 투자를 너무 아까워 말자. 나의 경우 아이를 키우며 바쁘던 양육시기에 멀리 나가는 걸 엄두도 못 내 잠깐씩 남편이나 친정 부모님에게 아이를 맡기고 문화센터에서 무작정 뭔가를 배웠던 때가 있다. 그리 비싸지 않은 동네 문화센터에서 내 생활과는 분리된 공간의 자유를 만끽했다. '교육비에 생활비에 쪼들려 근근하게 버티는데, 나까지 뭘 한다고.'라는 생각 때문에 힘들어하는 부모들에게 주위에는 생각보다 나를 근사하게 만들 길이 많다고 알려주고 싶다. 소진 증후군에 시달리는 부모라면 더욱이 자신을 위한 시간, 돈의 투자가 중요하고 값지다. 그런 투자는 자신에게 진정한 쉼이 되고, 감성 에너지가 다시 채워져 삶의 의미들이 새롭게 느껴진다. 나에 대한 투자가 문제 자체를 해결하진 않을 수 있다. 하지만 기름이 차야 자동차가 달릴 수 있듯 나를 위한 투자로 내 짐을 지고 살아갈 내적 힘을 얻는다. 이 힘으로 ADHD 자녀를 키우는 길에서 오는 여러 장벽을 회피하지도 포기하지도 않으면서 나아갈 수 있다.

개인적으로 나의 또 다른 소진 증후군의 극복방법으로 '신앙'이 있다. 힘들 때 위로가 되는 말씀을 묵상하며 힘을 얻곤 한다. 삶에 지치고 수고한 자를 와서 쉬라 하며 다독이며 안아주듯 말씀하는 성경 구절은 내게 커다란 위안과 안식의 내적 목소리(inner voice)가 된다.

사람들은 인생의 짐을 만날 때 누구에게도 보이고 싶지 않은 '바닥에 떨어진 내면'을 있는 그대로 받아들이고, 위로하는 내 편이 있음을 신앙에서 경험한다. 자신을 위로할 신앙이 있는 건 감성 에너지의 빨간 불을 인식하고 다시 채워 손쉽게 초록불로 만들 수 있는 지름길 중 하나다. 자신을 위로하며 힘을 주는 말씀들을 가져보자. 그것이 종교든 오랜 지혜의 격언이나 명언이든 나를 격려해주는 말을 암송하면서 무거운 짐으로 힘겨운 '나'를 다독여줄 것이다. 힘겹다 느껴질 때 가장 먼저 자신이 '나를 잘 위로해주는 사람'이 되어야 한다. 삶의 무게에 힘겨운 나에게 위로의 말을 걸어보자. 있는 그대로의 나를 바라보자.

'○○○야, 잘 견디고 있네'
'○○○야, 힘들지?'
'○○○야, 많이 속상할 텐데 지금까지 온 것도 잘했어!'

자신의 이름을 넣고 속삭인다. 내 마음에 내가 기꺼이 편이 되도록….

• 다음은 나의 마음을 살펴보는 활동이다. 질문을 따라서 솔직한 답을 찾
고자 한다면 나의 모습을 보면서 바른 깨달음과 위로가 생길 것이다.

1. 나와 떨어져서 나를 객관적으로 바라보는 시간을 가져보세요. '지금
의 나'는 어떻게 보이나요?

2. 내 마음의 짐이 어떠한가요? 무게의 점수를 매겨보세요
(1~10점)

3. 무게 점수가 5점 이상이라면 나를 위한 시간이 필요합니다.
나를 위해 하고 싶은 것은 무엇인가요? 다 적어보세요.

4. 이 중 가장 지금의 나에게 현실적으로 가능한 것은 무엇인가요?

5. 나를 위한 시간을 실현하기 위해 지금 필요한 것은 무엇인가요?

6. 이런 시간을 가질 수 있는 가능한 빠른 시간은 언제인가요?

7. 준비와 시간이 정해졌다면 바로 행동해보세요. 구체적 장소와 시간을 적어보세요.

8. 행동해본 경험의 느낌과 생각을 적어보세요.

9. 나에게 해주고 싶은 위로나 격려의 말은 무엇인가요?

10.이런 활동을 통해 느낀 점이나 깨달은 점은 무엇인가요?

남편,
내 편인가? 남 편인가?

　사람의 발달은 일생을 통해 일어난다. 나이가 들면서 나타나는 발달 변화 중 하나가 사회관계에서 보이는 의기소침이다. 아줌마로서의 뻔뻔함은 늘었을지 모르겠지만 내가 마음 편히 나눌 사람이 없다고 여기는 모임이나 장소에는 좀처럼 가기 꺼려진다. 젊은 날에는 그런 어색함도 오히려 사람을 알아가는 긴장이나 호기심의 동력으로 여겼다. 그런데 어느덧 그런 어색한 감정 흐름이 피곤하고 힘겨워진 것이다. 그래서인가? 어릴 적 동창이나 나를 잘 아는 사람들과의 만남을 더 선호하고 그들과 까마득하게 잊혔을 기억들을 마치 구슬 꿰듯 엮어내어 현재의 관계로 다시 이어간다. 사회의 경쟁관계에서 지친 나는 오랜 벗이 주는 편안함 속에서 더없이 큰 힘을 얻는다.

　상담에서 만나는 ADHD 자녀를 둔 엄마들도 이와 비슷한 양상을 보일 때가 있다. ADHD 자녀의 유별난 행동 때문에 남에게 피해를 주거나 비난을 받을까 염려되어 관계를 단절시키는 부모들이 꽤 있다. 그들은 마음속 이야기를 나눌 편한 대상이 없어 오롯이 상담자인 나와의 관계로만 위로를 받기도 한다. 초기 상담에서 이들에게 충분한 위로자 겸 동반자로서 함께하기 위해 나 또한 애쓴다. 부모들은 속마음을 드러낼 수 있어 편안함과 안정감을 느끼고 자신을 응원해주는 편을 만나 감사하다고도 한다. 나의 일에서 보람을 느끼는 순간이기도 하다. 하지만 상담 진행 과정에서 나는 그들을 성장시켜야 한다는 책임을 느낀다. 나와의 상담에서 맺어진 안정적 관계를 통해 용기를 얻고 주변인에게 다가가서 '편'을 만드는 법을 실행하도록 돕는다.

　사람은 왜 그렇게 '내 편'이 되는 사람을 찾고 싶을까? '내 편'을 찾는 것은 인간이 외로움을 상당히 두려워하기 때문이다. 홀로 존재할 수 없는 사회적 동물인 사람은 끊임없이 편을 만들고 파를 만든다. 이로 인한 문제가 사회 역사에서 주요한 화두가 된다. 이렇게 내 편이 되어주는 누군가가 필요한 이유는 삶의 버거운 짐을 함께 나누기 위해서다. 사람에게는 각자 감당해야 하는 삶의 무게가 있다. 세상이 살 맛 난다고 여길 때는 내가 혼자라는 느낌을 잊을 때다. 자기 삶의 무게를 나누어주는 사람이 있다는 것만으로도 삶은 희망적이다. 그리고 부모는 자녀에게 끊임없이 편이 되어줌으로써 삶에 희망을 심어준다.

부모가 자녀에게 그런 역할을 하려면 내적 힘이 있어야 한다. 내적 힘은 부모가 자기 마음을 여유롭고 편안하게 만드는 자기 조절 능력을 유지하는 것이다. 그런데 ADHD 자녀를 키우면서 부모도 이런 조절 능력이 깨지는 순간들이 있다. 그래서 부모 자신의 마음을 달래는 게 필요하다. 자기가 지쳐 있으면서 남을 돌본다는 것은 어불성설(語不成說)이다. 앞 절에서 한 이야기가 바로 그런 마음 달래기의 첫 모습이다. 이젠 구체적으로 ADHD 자녀의 부모 짐을 어떻게 나눌까를 고민하자. 그러기 위해서 누군가가 우리에겐 필요하다. 삶의 가장 가까운 곳에서부터 현실 속 구체적인 '내 편'을 찾는다. 부모에게 가장 빠르면서도 중요한 편을 만들 수 있는 대상은 바로 '배우자'다.

ADHD 자녀의 부모가 가장 먼저 회복해야 하는 관계가 바로 부부관계다. 왜 하필 배우자를 가장 중요한 '내 편'으로 삼아야 하나? 부부가 어떤 모습으로 지내는가가 부모의 역할에도 영향을 준다. 부부관계는 부모관계보다 우선된다. 가족의 시작도 부부이고 그 가정의 모습도 부부관계가 어떠한가로 결정된다. 부부관계가 원만하지 않을 때 부부에게서 해결되지 않은 욕구나 기대 혹은 분노가 자녀에게로 향하는 경우가 많다. 심한 경우 자녀에게 부부 간 해결하지 못한 감정을 투사하거나 혹은 배우자를 대신하는 애정과 인정의 역할을 무의식적으로 강요한다. 자녀는 가족 공동체에서 부모의 모습만이 아니라 부부 간의 성인 역할도 관찰하고 학습한다. 부부의 역할이 어떤 양상인지로 자신의 성(性) 역할의 방향이나 반대 성에 대한 역할 기대도 정해진다. 그래서 가족에서 부부관계보다 부모-자녀관계가 우선될 때면 여러 역기능이 발생할 수밖에 없다.

마음의 지원군이 필요하다 ————

그렇다면 배우자가 내 편이 되었을 때 주는 장점이 무엇일까? 가장 큰 장점은 내 자녀이기에 남보다 더 생길 수 있는 욕심이나 기대 등도 함께 잘 안다. 자신의 자녀를 최고로 보려는 '주관적인 관점'을 부부는 함께 갖는다. 특히 ADHD 자녀로 인해 생기는 심적, 육체적 고통을 부부만이 공유할 수 있다. 고통은 지극히 개인만이 알 수 있다. 그나마 자녀로 인한 그 심연의 고통을 함께할 짝으로 배우자밖에 없다. ADHD 자녀로 인한 고통은 부모밖에 모른다는 말이다. 그 고통을 알기에 부부는 함께 아파하고 함께 위로할 수 있다.

둘째, 자녀는 부부의 합작품이다. 자녀가 부부의 유전적 성향을 닮을 가능성도 크다. 콩 심은데 콩 나고 팥 심은데 팥 나듯 부부의 유전자 조합이 자녀에 녹아 있다. ADHD 자녀 모습에 숨겨진 부모의 특성을 부부만이 이해할 수 있어 남들보다 내 자식을 더 깊게 안다.

셋째, 부부는 자녀에 대한 공동 책임이 있다. 다른 사람은 잠깐 위로나 제안만 할 수 있을 뿐 실제 해결에 나서는 사람은 결국 부모다. 부부는 자녀의 문제에 있어 한 배를 탄 거나 마찬가지다. 누가 선장이 되고, 누가 키를 잡는지는 알 수 없지만 원만한 부부관계는 배가 순항하는 데 함께 책임진다. 비상시에 대응책도 함께 고민할 수 있다.

마지막으로 배우자가 내 편이 되어 좋은 관계를 유지해야 하는 가장 큰 이유는 끝가지 가족구성원으로 남을 대상이 부부이기 때문이다. 자녀는 때가 되면 부모 품을 떠난다. 그때는 부모가 아닌 부부 역할이 다시 중요해진다. 원만한 부부는 자녀들의 독립 이후 둘만이 남겨진 삶에서도 즐거움을 함께하지만, 그렇지 않은 부부는 황혼이혼이라는 극단적 결과가 남기도 한다.

이 사실 외에 배우자가 내 편이길 바라는 가장 당연한 이유는 ADHD 자녀를 키우는 이 힘든 과제를 혼자만 맡고 싶지 않기 때문이다. 특히 엄마들이 이런 호소를 많이 한다. 자신이 얼마나 애쓰는지, 하루 종일 아이와 씨름하는 게 얼마나 고통스러운지, 내가 잘하고 있는지 등의 마음을 나누고 싶다고 말이다. 실생활에서 부딪히는 과제들을 엄마 혼자 감당하기엔 역부족이다. ADHD 자녀를 키우는 것을 나 몰라라 하지 않고 마음과 행동으로 배우자가 함께하길 원한다. 부모가 가정의 버팀목인 것은 알지만 부모도 사람인지라 힘들면 지친다. 그 피곤의 회복제이자 에너지의 충원지 역할이 바로 배우자다.

그러나 배우자가 '내 편'이라고 말하는 부부가 그리 많지 않다. 왜 그럴까? 부부는 너무 가깝기에 갈등도 많다. 사람은 거리를 두고 아는 사람과 갈등을 일으키는 일은 거의 없다. 인간관계의 갈등은 관계가 점점 가까워지면서 생긴다. 내 모습이 있는 그대로 드러나고 상대도 숨겨지지 않은 모습들이 나오면서 본능적인 욕구들이 부딪힌다. 특히 부부는 남으로 시작해서 가장 가까운 사람이 되는 과정을 겪는데 갈등은 필연적이다. 이 갈등을 단지 미움이나 싸움으로만 해석해서는 안 된다. 오히려 사랑의 과정이다. 로맨틱한 사랑으로 맺어진 부부가 가정을 꾸리면서 사랑이 더 이상 로맨스만은 아님을 깨닫는다. 부부의 로맨스를 잘 유지하는 것도 지혜이지만 실상에서 더 필요한 것은 이를 넘어서는 현실적인 사랑의 노력이다. 부부 갈등은 사랑의 노력으로 승화될 수 있다. 갈등은 당연한 거고 이 갈등을 피하지 않고 해결 방법을 찾아가는 그 고된 길이 사실 사랑의 또 다른 모습인 거다.

부부관계가 다른 인간관계보다 더 어려운 점 중 하나는 다른 사람들에게는 하나의 역할만을 기대하는데 부부는 그렇지 않다는 사실이다. 친구는 친구로, 동료는 동료로, 애인은 애인으로 역할의 선이 분명했는데 배우자에게는 여러 역할을 기대한다. 남편이 아버지 같은 역할을 해주었으면 좋겠고, 가끔은 로맨틱가이가 되었으면 좋겠고, 평소에는 친구같이 지냈으면 좋겠고, 또 집안일을 수리공처럼 척척 해결해주었으면 좋겠고, 바깥일도 잘하고 돈도 잘 버는 당당하고 존경스런 남자였으면 좋겠다. 아이들 앞에서는 다정한 아빠이면서 권위도 있고, 단짝처럼 내 맘을 잘 다독였으면 좋겠다. 남편도 아내에게 시간과 장소, 경우에 따라 팔색조로 변신해주길 바라는 것은 마찬가지다. 이러다 보니 배우자에게 뭐 하나 부족한 게 있으면 그걸 갖고 계속 불만이 생긴다. 그런데 어느 누가 이 모든 역할을 다 잘 수행할 수 있겠나? 기대하는 게 잘못인지라 불만을 막을 길도 없다. 이런 욕심이 내 안에 있음을 직시하지 못하면 갈등은 쉽게 가라앉지 않는다.

부부가 서로 내 편이 되려면 먼저 상대가 변할 거라는 기대를 버려야 한다. 상대가 바뀌어 내가 원하는 것을 들어줄 거라 생각해서는 안 된다. 그것은 결코 일어나지도 않는데다가 그 끝은 결국 싸움이다. 변화는 오직 나 자신에게만 해당된다. 그리고 다른 사람들과 달리, 유독 부부에게 서로의 기대가 높음을 이해하고 탓하기보다 조금씩 노력하는 모습이 필요하다. 배우자의 욕구를 들어주려는 자세도 필요하다.

부부 사이가 나쁜데 ADHD 자녀를 키운다면 배우자를 내 편이 되게끔 하고자 내가 원하는 상으로 바꾸려 하지 말고 자녀를 함께 키워가는 공동 협력자로서 기대하라. 협상 테이블에 어떻게 데려올 것이며 어떤 협상을 이끌어 갈지도 생각해야 한다. 미운 배우자를 양육의 파트너로 생각하고 싶지 않다는 엄마들도 있다. 그래도 자녀를 위하거나 자신을 위해서는 파트너로 인정하고 함께할 방법을 찾아야 한다.

이를 위해 전략이 필요하다. 사랑하는 마음을 다시 회복하라는 게 아니다. 밉더라도 내 짐도 덜고 자녀를 돕는 협상가로 배우자를 세우기 위해 전략적 접근이 필요하다. 배우자가 마음에 들지 않더라도 내게 있는 가장 가까운 '편'이고 자녀를 위해 반드시 필요한 존재이기에 싫든 좋든 함께해야 한다. 마음이 동하지 않으면 더욱 전략가처럼 생각하자. 나의 슈퍼바이저가 알려준 기막힌 전략은 다름 아닌 '~인 척하기(pretending)'이다. 자녀를 도와주거나, 내 일을 나누려 할 때 배우자가 냉큼 수용하지 않는다. 배우자가 자녀의 일에 함께해주려면 그 마음을 동하게 하는 전략이 필요하다. 그것이 '배우자 기쁘게 하는 척 하기' 전략이다. 내 마음이 기뻐서 하는 것이 아니라는 말이다. 단지 자녀를 돕게 하는 목적을 위해 배우자가 좋아하는 요구를 들어주려는 자세를 갖자는 거다. '하는 척' 함으로써 남편 달래기 작전을 갖는 거 다. 그것이 충분히 표현되면 남편은 서서히 자녀의 일에 함께하려 한 다. '이렇게까지 해서 할 필요가 있냐', '치사하다'라고 하는 엄마도 있 다. 하지만 '자녀를 위해서 그렇게 하는 거다'라고 말씀드리면 그래도 엄마들은 하신다. 그리고 해보니 자녀 관계뿐만 아니라 내가 편해졌 다고 고백한다. 마음의 짐을 실제로 많이 덜게 되었단다.

그러니 마음이 움직일 때까지 기다리지 말고 전략적으로 접근해서 해결하려는 자세부터 갖자. 그래서 자녀 일에 나 몰라라 하는 배우자 로 만들지 말고 어떻게든 함께하면서 점차 내 편이 되는 배우자를 만 들자. 내 마음의 응원자가 되도록.

> 결혼이라는 것은 단순히 만들어 놓은 행복의 음식을 먹는 것이 아니다. 이제부터 노력해 둘이서 행복의 음식을 만들어 먹는 것 이다.
> – 피카이로

이렇게 서로의 편이 되도록 노력하는 행동들이 결국 진정한 부부사 랑의 실천이 아닌가 싶다.

1. 나와 배우자는 현재 관계가 어떠한가요? (만족도 1~10점)

2. 배우자와의 관계에서 좋은 점은 무엇인가요?

3. 배우자와의 관계에서 갈등이 되는 점은 무엇인가요?

4. 내 부모님의 부부관계는 어떠하셨나요? 내 배우자의 부모님의 부부관계는 어떠하셨나요?

5. '배우자는 변하지 않는다'는 말에 대해 동의하시나요? 이 말에 대한 당신의 감정은 어떠한가요?

6. '변화는 나만이 할 수 있다'고 할 때 부부관계에서 내가 변해야 하는 부분은 무엇인가요?

7. ADHD 자녀를 위해 배우자와 함께하기 위해 전략적으로 배우자를 기분 좋게 하는 활동에 대해서는 동의하나요? 거부한다면 이유가 무엇일까요?

8. 배우자를 위해 내가 할 수 있는, 기분 좋게 하는 활동에는 무엇이 있나요?

9. 배우자 외의 내 편이 될 만한 사람은 누구인가요?

10. 이상의 활동을 통해 나 자신에 대해 느끼거나 깨달은 점은 무엇인가요?

마음의 여유를
갖기 위해

주말 데이트를 즐기는 남녀가 많은 카페에서 티격태격하는 커플을 보면 눈살이 찌푸려지기보다 빙긋 웃게 된다. 나도 연애시절과 신혼 시절 달콤한 시간도 많았지만 으르렁거리며 다툰 시간도 어마어마했기 때문이다. 좀처럼 다른 사람과 갈등을 겪기 싫어했던 나이지만 그건 밖에 있는 사람이라 가능했던 것이고, 배우자는 또 다르다. 원래 내 모습이 드러날 수밖에 없는 가까운 사이라 배우자에겐 보기 싫은 면을 어쩔 수 없이 보이게 되면서 이런 못난 모습도 수용해주길 원했다. 우리는 마치 힘겨루기의 외나무다리 위에서 팽팽하게 대치한 두 염소 같았다. 서로 한 치의 양보를 하지 않다가 둘 다 물에 빠지듯 모든 걸 망친 순간들도 많았다.

　여기서의 양보란 '누가 먼저 맞춰주느냐다. 혼자의 삶에 익숙한 두 사람이 하나가 되는 과정에서 상대가 내 맘 같이 움직여주지 않는다는 사실에 절망하며 상대를 내 뜻에 맞추려고 힘겨루기를 하기 시작한다. 상대가 먼저 맞춰주기를 바라는 거다. 상대 염소가 잠시 물러나주면 외나무다리를 건널 수 있고 그러면 문제는 쉽게 해결된다는 논리다. 그런데 상대가 호락호락하지 않고 자기가 먼저 지나가야 하니 나보고 물러나 있으라고 하면 싸움이 생긴다. 나도 저 다투는 커플처럼 갈등의 시간을 3년 정도 겪었다. 그러면서 '맞추는 비결'을 배웠다. 다행히 서로 번갈아 물러나는 법을 터득한 이후 갈등은 급속히 줄어들었다.

　그러다가 자녀를 낳고 키우면서 다시 아이와 외나무다리의 상황이 재현되었다. 나와 배우자가 그랬던 것처럼 내 아이도 때때로 물러나주면 좋겠는데 아이는 그렇지 않았다. 자녀는 도무지 물러나는 법이 없다. 그러다 세 살 때까지는 아이에게 물러나기를 기대하는 게 힘들다는 것을 알았다. 협상이 힘들고 양보나 자기 조절을 기대하기 힘든 이 시기의 자녀와 외나무다리 위에 서게 되면 다른 방도가 없다. 내가 먼저 물러나는 수밖에. 아이에게 기대할 수 없으니 내가 맞추는 수밖에 없는 거다. 다행히 나는 아이를 위해 물러나는 것이 그리 싫지만은 않았다.

　그런데 상담실에서 만나는 ADHD 자녀를 둔 부모 중에 자녀에게 자신이 먼저 물러나는 것에 대해 강한 반감을 가진 분들이 있다. 왜 내가 물러나야 하는지, 꼭 내가 먼저 그렇게 해야 하는지에 불쾌감을 거침없이 드러낸다. 부모가 먼저 물러나는 것을 어린 자녀 앞에서 지는 것으로 여기기 때문이다. 또한 ADHD 자녀를 제대로 도우려면 부모가 절대 물러나서는 안 된다는 확신에 찬 이들도 있다. 그래서 부모가 먼저 물러나거나 변화해야 한다는 점을 알려주면 그들은 반기를 들고 몹시 불쾌해한다.

변화에 좀 더 유연해지는
마음 상태를 위하여 ————

이런 부모들이 느끼는 불쾌함은 다름 아닌 '내 맘대로 되지 않은 사람에 대해 불편함'이다. 가만히 살펴보니 이들은 주로 집 밖에서는 거의 주도권 행사를 하지 않는 부모들이 많았다. 남편이나 시댁은 물론 다른 사람들에게는 너무나 친절하게 맞추며 물러나면서 정작 자녀에게만은 절대 맞추고 싶지 않다고 저항하는 부모도 꽤 많다. 밖에서 주도권 행사를 하지 못한 분풀이를 자녀에게 하기라도 하는 듯이 양보하고 싶지 않다고 떼쓰는 모습을 보이는 것이다. 이런 부모는 자기 전반의 삶에서 '자기답게' 자유롭게 산 경험이 얼마나 있었는지 집중 탐색할 필요가 있다. 자신이 지금까지 이루지 못한 자유로운 삶을 자식을 통해서 이루려 할 수 있다. 그리고 자신의 순종적인 삶처럼 자녀도 그렇게 살기를 바라기도 한다. 이런 부모는 자녀의 ADHD의 행동을 반항으로 쉽게 해석한다.

자녀보다 부모가 먼저 변화하라는 것에 화나는 또 다른 이유는 부모가 자기 방법이 옳다고 생각하기 때문이다. 내 방법이 옳은데 상대가 인정하지 않거나 따라오지 않으니 화가 나는 것이다. ADHD 자녀가 부모 자신이 생각하는 옳은 방식으로 행동하지 않는데, 엉뚱하게도 부모의 방식을 먼저 바꾸라고 하는 게 영 거슬린다. 무엇보다 내가 생각한 방식을 바꾸거나 양보하면 ADHD 자녀가 혹시 잘못된 길로 빠지진 않을까 두렵다. 자신의 옳은 주장을 굽히기가 그리 간단한 게 아니라서 부모는 변화를 꺼리고 대신 ADHD 자녀가 바뀌기만을 학수고대한다.

부모의 이런 마음을 이해하지만 그럼에도 부모가 '먼저' 변화해야 하는 중요한 이유가 있다. 자녀가 부모 바라기가 되는 것은 자녀의 정신 건강에 해롭기 때문이다. 부모가 자녀 바라기가 되어야지 자녀가 부모의 사랑을 얻으려고 애쓰면 자녀는 부모가 원하는 상으로 자신을 인위적으로 만들어가고 자신의 원래 모습을 부인하게 된다. 그 결과 건강하지 않은 심리적 자아를 만들어내게 된다. 자녀가 참 자아의 모습으로 살 수가 없는 거다. 여기서 오는 갈등은 사춘기든 성인이든 인생의 어느 순간에 폭발해서 나타날지 모른다. 한 가지 분명한 사실은 사람은 자신을 속인 채로 끝까지 살고 싶어 하지 않는다는 것이다. 자녀가 참 자아를 찾아 만들어진 자신에 대해 저항하고 새롭게 통합하며 혼돈을 겪게 되는 날이 오고 만다. 그런 과정이 고통스럽지 않으려면 부모가 자녀의 모습 그대로를 인정하고 수용해주는 자세가 중요하다.

자녀에게 먼저 변화하라고 강요하기보다 부모가 먼저 자녀를 이해함으로써 나와 다름을 수용하려는 유연성이 필요하다. 이것이 부모의 변화다. ADHD 자녀라는 사실 앞에서 부모인 나는 얼마나 스스로 옳다는 생각을 내려놓고 아이를 있는 그대로 보고 있는가? 만약 부모로서 자기 생각을 고집하고 유연성이 떨어진다고 느낀다면 부모의 어린 시절을 한 번 살펴보자. 자신이 바뀌거나 변화하는 데 저항이 있는 부모나 부부는 어린 시절 부모로부터 자율성이 제대로 인정받지 못했거나 현재도 그렇게 살고 있는 경우가 많다. 그래서 내 자녀만큼은 더 이상 자신이 바뀌기보다는 자녀를 바꿔서 현재의 갈등을 돌파하려는 것이다.

부모가 먼저 변하는 것에 완고했던 성향이 하루아침에 바뀔 수는 없다. 하지만 자녀의 ADHD적 모습을 이해하고 수용해주면서 내가 옳다는 생각을 버려보도록 시도해보자. ADHD 자녀의 경우 변화가 나타나는 데는 긴 인내가 필요하다. 그 긴 시간을 자녀의 속도대로 하염없이 따라가기보다 부모가 먼저 변해주면 자녀의 변화에도 가속이 붙는다.

자녀가 부모에게 먼저 양보하기란 참으로 어렵다. 자녀와의 관계는 다른 어른들과의 관계와 다르다. 대등한 입장이 아니라 수직 관계다. 이 관계에서는 윗사람인 부모가 먼저 너그럽게 품고 가려는 아량이 반드시 필요하다. 부모자녀 관계의 변화도 그래서 부모가 먼저 시작해야 한다. 부모가 이렇게 유연하게 바뀌면 자녀도 아주 건강한 모습으로 변해간다. ADHD 자녀가 올바로 자신을 사랑하는 법을 찾아가기 때문이다.

부모의 유연함은 자녀뿐만 아니라 부모의 삶에도 도움을 준다. 외나무다리에 마주한 듯한, 팽팽한 힘겨루기의 갈등은 많이 줄어들 거다. 거기서 소진되었던 심리적 에너지를 더욱 생산적으로 쓸 수 있다. 자녀와 갈등이 줄면 부모 자신도 부모 역할에 대한 만족도와 유능감이 높아진다. 어찌 자녀관계뿐이랴. 유연함은 세상을 바라보는 폭을 넓혀준다. 내가 먼저 수용함으로 인해 나도 남에게 수용되는 경험이 많아진다. 성숙한 사람은 유연한 사람이다. 삶의 여러 모습에서 자신의 생각이나 태도를 유연하게 대처하기에 흔들림은 있어도 부러지진 않는다. 그만큼 여유롭고 행복하게 살 수 있다.

당신이 변화하는 것이 마음에 딱 걸린다면 내 속마음을 비춰보자. 마음에 걸리면 피하고 싶다. 남이 내 마음에 걸려 불편해지면 만나지 않거나 관계를 끊을 수 있다. 하지만 자녀는 단절을 할 수 없다. 그래서 맘고생이 더 심하다. 내가 바뀌지 않으면 뾰족한 방법이 없는데 나는 바꾸고 싶지 않고…. 여기서 아이와 지지부진하게 반복되는 갈등으로 힘겹기만 할 뿐이다. 이런 힘겨운 싸움을 줄이려면 지금 이 순간 자기가 뭐 때문에 자꾸 변화를 싫어하는지, 왜 이렇게 유연해지기가

어려운지 '나와 이야기'해봐야 한다.

어렴풋이 부모가 먼저 변해야 이 악순환의 고리를 끊을 수 있을 것 같다는 생각을 간신히 하게 된 분들도 있다. 하지만 머리가 알고 있어도 마음이 움직여지기 위해 또다시 오랜 시간이 걸린다. 이처럼 사람의 변화는 하루아침에 이루어지지 않는다. 부모인 내가 변하겠다고 결정해도 실제 내 변화로 상대의 반응이 달라지기까지는 상당한 시간이 걸린다. 그만큼 변화를 결심하는 것도 쉽지 않고 변화하기 위해 노력하는 것도 쉽지 않다는 말이다.

그래도 ADHD 자녀를 바르게 돕기 위해서 부모가 먼저 변해야 한다. 자녀가 먼저 변하면 위험해질 수 있다. 그러니 부모인 내가 먼저 변하겠다고 결단하는 용기를 가져보자. 부모는 자신밖에 통제할 수 없다. 남을 통제해서 변화를 꾀하기보다 나를 통제해 주변의 변화를 이끄는 삶의 자세를 갖자. 나를 통제하는 삶으로 살아가는 태도라면 ADHD 자녀의 변화를 도울 뿐 아니라 부모 자기 삶의 만족도 높아질 것이다.

> 오늘 누군가가 그늘에 앉아서 쉴 수 있는 이유는
> 오래 전 누군가가 나무를 심었기 때문이다.
>
> ─ 워렌 버핏

부모가 먼저 나무를 심듯 변화를 시작한다면 자녀는 그 변화의 그늘을 누리게 될 것이다.

1. 나는 '내가 먼저 변화해야 한다'는 말이 꺼려지나요?
   나의 유연성을 점수로 표현해보세요. (1~10점)

2. 내가 하고 싶은 것이나 하고 싶은 말을 남에게 표현하는 게 힘든가
   요?

3. 내 부모는 내가 하고픈 것을 어떻게 해주었나요?

4. 지금 내가 내 맘대로 하고 사는 게 무엇이 있나요?(내가 통제하고 있
   는 영역들)

5. 만약 마음대로 하지 못했다면 무엇 때문인가요?(통제할 수 없는 영
   역들)

6. 만약 기적이 일어나서 마음대로 해도 좋다면 무엇을 하고 싶은가
   요?

7. 내가 ADHD 자녀를 돕기 위해 부모로서 변해야 하는 점은 무엇인
   가요? 어떻게 변하고 싶은가요?

8. 내가 그렇게 변하면 자녀에게 어떤 도움이 될까요?

9. '나는 나밖에 통제할 수 없다'는 말이 어떤가요?

10.이상의 활동을 통해 나 자신에 대해 느끼거나 깨달은 점은 무엇인
   가요?

무엇이든 강점부터
보는 습관을 들이자

100세 노년시대를 맞이하면서 여러 노인 복지와 관련된 정책들이 쏟아져 나온다. 죽음을 잘 맞이하는 법이나 건강하게 늙어가기 같은 다양한 노년 정책 중 관심 받는 영역 하나가 노년의 인간관계다. 늙어서도 함께 있는 사람이 필요하다. 사람은 태어나서 죽을 때까지 다른 사람들과 연결되어야만 한다. 아이는 태내에서 엄마와 탯줄로 연결되어 있고 세상에 나와서는 엄마의 지극한 사랑이라는 끈으로 혼자가 아님을 경험하며 이 험한 세상에 맞서 산다. 이후 그 대상을 엄마에게서 친구, 연인, 배우자 등으로 넓혀간다. 이렇게 관계를 통해 사람은 외로움을 잊고 살고 싶어 한다.

나는 젊은 날 세상에 나 혼자인 것 같은 외로움과 공허함을 느끼던 시기가 있었다. 집에서는 결혼하라고 떠미는데 딱히 배우자로 여길 만한 사람도 만나지 않은 상태였다. 부모도 내 편이 아닌 것 같고, 친구들도 각자 배우자를 찾기 위해 공을 들이고 있었다. 결국 나 혼자라는 생각에 빠져 외로움을 뼛속 깊이 느끼던 시기였다. 그런데 그것을 통해 남과 함께 살고자 하는 준비가 더 되었던 것도 같다. 외롭기에 서로 기댈 수 있는 짝을 소중히 여기고 감사하는 마음가짐이 되었으니 말이다.

그런데 막상 결혼을 해보니 부부라고 내 편이 되는 건 아니었다. 상담실에서 만난 많은 부부들도 가장 힘든 것은 배우자가 내 편이 아니라고 느낄 때라고 고백했다. 나도 비슷한 경험을 한다. 서로 내 편이 되어주길 바라는데 잘되지 않는다. 이유는 서로 자기 마음대로 상대를 움직이고 싶기 때문이다. 상대가 내 맘대로 되지 않으면 내 편이 아니라고 우기게 된다. 배우자는 내 편이니 내 부족한 것을 배우자가 채워주는 것을 너무도 당연하게 여기면서 말이다. 이런 갈등이 심해지면 겉으로는 하나인 부부지만 마치 남남 같은 마음으로 쇼윈도(show window) 부부로 살게 되는 거다.

인간관계의 갈등은 대부분 이렇게 각자 방식대로 다른 사람들을 마음대로 하고픈 욕구가 충돌하기 때문이다. 그래서 내 마음에 맞으면 좋은 사람이 되었다가 내 마음에 반하면 나쁜 사람이 되기도 한다. '저 사람이 내 편인가? 아닌가?'에만 신경 쓰지 내가 진정 그 사람의 편이 되었는지는 태부족이다. 갈등을 푸는 방법도 사람들이 '다 자기 맘대로 살고 싶어한다'는 것을 인정하면서 어떻게 서로의 맘을 화합할지를 조율하는 능력에 있다. 남이 내 편이 되어주길 바라기보다 내가 남의 편이 먼저 되어주는 거다. '사람은 자기가 대접받고 싶은 대로 대접하라.'는 황금률처럼 말이다.

마찬가지로 자녀와의 관계가 좋으려면 먼저 부모가 자녀의 편이 되어주어야 한다. 편이 된다는 말은 그 사람과 한마음이 되는 거다. 누군가와 한마음이 되는 건 잘하는 부분을 응원하는 것도 있지만, 그보다 상대의 약점이나 숨기고 싶어하는 모습을 있는 그대로 인정해주고 받아주는 거다. 상대의 아킬레스건을 알고 그로 인한 고통을 이해하며 절대 그 약점을 아는 것을 무기 삼아 상대를 공격하지 않는 태도가 진정한 편이 되어주는 자세다.

ADHD 자녀의 편이 되려면, 그들이 보이는 행동 문제나 주의력 문제가 의도된 나쁜 행동이 아니고 자신들도 원치 않으나 어쩔 수 없이 발생되는 안타까운 행동 문제임을 공감해주어야 한다. 그래서 ADHD 자녀가 보이는 문제들로 남들 앞에서 자녀를 부끄러워하지 않는다. ADHD 자녀는 그저 다를 뿐이다. 부모가 먼저 이상하거나 부족한 아이로 취급하지 않아야 한다. '다름'은 수용되어야 하는 것이지 비난이나 배척되어서는 안 된다. 부모가 먼저 그런 마음을 먹어야 한다. 이런 '다름'이 고통스럽다고 말할 수도 있다. 이건 우리나라 사람들의 통념에서 오는 집단 무의식으로 '다르면 문제가 된다'는 두려움 때문이다. 평범하고 가장 안정적인 중간선을 찾아 살고 싶어 하는 우리나라 정서상 '다름'을 다양하게 보고 긍정적으로 보는 게 쉽지만은 않으니까 말이다.

그래도 내 자녀를 위해서 어떻게 해야 할까? ADHD 자녀에게 부모인 내가 편이 되지 않는데 누가 아이의 편이 되어줄 수 있을까? 순탄치만은 않은 인생의 길에서 외롭지 않게 버틸 수 있는 건 내 편인 부모가 있기 때문이다. 부모만이라도 확실한 내 편이 된다면 걸림돌에 걸려 넘어져도 다시 털고 일어날 수 있다. 호기심을 품고 신 나게 사회로 나갔다가도 겁먹고 다시 돌아오는 곳 역시 내 편이 되어주는 부모라는 안전지대(safe zone)다. 이 안전지대에서 다시 위로와 힘을 얻어 겁을 뛰어넘는 용기를 갖고 세상에 나가게 된다. 그렇게 ADHD 자녀는 성장과 퇴행의 굴곡을 넘나들며 부모라는 울타리 내에서 안정감을 갖고 성장하게 된다. 그리고 자신의 잠재력을 발휘하는 시기를 만나게 될 거다.

'믿어주기', 부모가 아이에게 해주는 가장 쉽고 값진 것 ———

부모가 자녀에게 해줄 수 있는 가장 쉽고도 값진 것은 '믿고 믿고 또 믿어주는 것'이다. 그렇다면 ADHD 자녀의 무엇을 믿어야 할까?

ADHD 자녀만의 다름이 주는 장점을 믿어야 한다. ADHD 자녀는 멍청하지 않다. 못난 아이가 아니다. 그들을 바라보는 시각을 바꿔야 한다. ADHD의 장점은 자유로운 영혼에서 오는 '창의성'이다. 운동이나 예술, 문학 영역에서 탁월함을 보인다. 시를 잘 쓰는 아이, 수영을 특출하게 하는 아이, 작곡을 잘하는 아이. 내가 만난 ADHD 아이들은 창조 능력들이 분명 있고 일반 아동보다 뛰어난 실력인 경우도 있었다. 사람을 재미있게 하며 친화력과 유머로 관심을 잘 끄는 아이들도 있다. 좋아하는 활동으로 자기 분야에서 이름을 날리기도 한다. 토마스 에디슨, 벤저민 프랭클린, 어니스트 헤밍웨이, 윈스턴 처칠 등 ADHD 모습을 극복한 이들 중 세상이 아는 위인들도 많다.

ADHD 자녀에게 학령기가 가장 고통스러운 시기일 수 있다. 따분하고 일괄적인 시스템에서 학업을 꾸준히 하는 게 힘든 일임에 분명하다. 이런 고통을 잘 이겨가며 학습 태도를 배워가면서 동시에 그들의 장점을 충분히 발휘하고 인정받을 기회를 주자. 장점 영역을 관찰하여 실력을 잘 향상시켜 나가도록 돕고 칭찬해주자. 학교 담임선생님이나 주변 사람들에게도 아이의 이 강점을 알리고 여러 사람 앞에서 격려해주자. ADHD 자녀들 중에는 인정욕구가 높은 아이들이 많아서 사람들이 어떻게 봐주냐가 중요한 강화물이 된다. 칭찬하고 믿어주면 자신의 문제 행동을 줄이기 위해 스스로 훈련하려는 마음이 늘어난다. 그래서 ADHD 자녀가 자신의 행동 특성을 이해하고 조금씩 바꿔가려는 자발적인 의식이 더 생긴다.

혹 당신이 학교나 주변에서 부정적인 말을 들어서 화가 난다고 ADHD 자녀를 방에 가두고 소리쳐도 자녀는 바뀌지 않는다. 오히려 그런 말을 듣고 오는 ADHD 자녀에게 긍휼함을 느끼길 바란다. 얼마나 밖에서 힘들었을까? 집에서라도 안전하다는 느낌이 들게끔 자신의 모습을 마음껏 펼치도록 도와줘야 하지 않을까? 누구보다도 부모는 'ADHD 자녀를 좋은 사람'으로 믿어주어야 한다. 그래야 이런 지지를 바탕으로 자신에 대한 긍정 능력을 잃지 않고 성인이 되었을 때 바르게 독립할 수 있다. 부모가 ADHD 자녀를 키울 때 중요한 목적지는 자녀의 독립이다. 지금은 부모가 전두엽 기능을 대신해 많은 부분을 해결해주지만 점차 ADHD 자녀 혼자 부족한 부분을 스스로 인식하고 해결하는 방식을 배워야 한다. 그래서 홀로 살아가는 것이 궁극적 목적이 된다. 그러니 부모는 ADHD 자녀를 키우며 큰 그림을 그려야 한다. ADHD 자녀가 못하는 것에만 매이지 말고 ADHD 자녀가 잘하는 영역을 더 잘할 수 있도록 집중하자. ADHD 자녀를 보는 방식을 다르게 갖자.

그러기 위해서는 ADHD 자녀가 하는 부적절한 말이나 행동에 대해 비난하거나 꾸짖지 않으면서 스스로 자기 언행을 바꾸도록 이끌어야 한다. 부모는 ADHD 자녀가 사람들 앞에서 큰 소리로 관심을 끌려는 행동을 어떻게 창의적으로 표현할지 같이 고민해야 한다. 주목받는 역할을 맡을 기회를 만들어 보자. 마술도 좋고, 음악 밴드도 좋다. 가만히 있는 게 심심해서 친구를 끊임없이 건드리는 아이에게 몸을 어떻게 가만히 있게 할지를 창의적으로 만들어보게 하자. 만지작거리는 물건을 찾거나 만들 수 있고, 상상 속 마술사가 되어 나에게 주문을 걸어볼 수도 있다. 공부 집중이 힘들 때 ADHD 자녀의 불평들을 적게 해보자. 그 불평들은 공부하기 싫어서가 아니라 집중이 안 되는 요인들이다. 그 불평을 어떻게 해결할지 같이 고민해주자. 부모는 불평하는 ADHD 자녀에게 화내기보다 각 불평을 어떻게 창의적으로 해결할지 방법을 찾도록 도와야 한다. 이처럼 ADHD 자녀의 여러 갈등을 단지 문제 양상으로 규정해버리기보다는 어떻게 해결할 수 있을지를 같이 고민하는 게 진정 ADHD 자녀의 편이 되는 거다.

부모가 ADHD 자녀의 행동에 놀라고 실망한 일들을 새롭게 바라보는 연습(reframing symptom)도 필요하다. ADHD 자녀가 멍하니 꿈꾸듯 딴생각이 많은 것은 예술적 영감이나 직관의 밑거름이 된다. 부주의해서 준비물이나 규칙의 세밀한 부분들은 놓칠지 모르지만 삶의 비전 같은 큰 그림을 볼 줄 아는 눈이 이들에겐 있다. 빈둥거리는 모습에 시간과 돈이 아까워 화난다는 부모들에게 ADHD 자녀의 이런 빈둥거림은 실패가 아니라는 사실을 알리고 싶다. 오히려 이 빈둥거림을 통해 천재적인 상상력을 더욱 키워갈 수 있다. ADHD 자녀들의 '창의성'은 일반 규율을 잘 지키는 아이들에게 가르치기 어려운 과제다. 어쩌면 ADHD 자녀들이 규율을 배우는 것보다도 더 어려운 일일 수 있다. 그만큼 귀한 능력이다. ADHD 자녀의 창의적 표현을 격려하면서, 다른 사람을 존중하는 것 사이의 균형감을 맞추도록 도와주

자. 우리나라 학교에서 인정받지 못한 ADHD 아이가 외국 학교에서 성공한 사례가 꽤 많다는 건 학교 시스템이라는 외부적 요인도 살펴 주어야 한다는 의미다. 학교 담장을 넘어섰을 때 이들이 어떤 평가를 받을지는 그들의 강점을 어떻게 인정해주느냐에 따라 확연히 달라진 다. 내 ADHD 자녀의 강점이 묻히지 않을 길을 고민해주는 것이 부 모의 최우선 과제가 아닌가 싶다.

불행한 사람은 갖지 못하는 것을 사모하고
행복한 사람은 갖고 있는 것을 사랑한다.

– 하워드 가드너

ADHD 자녀가 지닌 장점을 사랑하자. 행복은 그것을 누리는 자의 것이다.

1. 내 자녀가 연상하는 집은 어떤 모습인가요? 돌아가고 싶은 집인가
   요?

2. 내 부모는 내 편이었나요?

3. 내 어린 시절 내 편이었던 사람으로 또 누가 있나요?

4. 과거의 내 편이 되어준 사람들을 통해 무엇을 느끼나요?

5. 나는 내 자녀의 편인가요? 자녀는 그렇게 느끼나요?

6. 만약 내 자녀의 편이 되는 게 힘들다면 무엇 때문인가요?

7. 내 자녀의 강점(창의적 영역)은 무엇인가요? 그런 강점을 어떻게 도와주고 있나요?

8. 나는 다른 사람들에게 내 자녀를 어떻게 알리나요?

9. 내 ADHD 자녀가 좋은 사람이라는 믿음이 있나요?

10. 이상의 활동을 통해 나 자신에 대해 느끼거나 깨달은 점은 무엇인가요?

ADHD 아이의 부모로 산다는 것,
그 의미를 찾는다!

삶이 던져주는 시련 앞에서 "왜?"라고 묻는다면 답이 없다.

우리가 취해야 할 것은 오직 태도만이 있을 뿐이다.

—빅터 플랭클

ADHD 자녀를 키우는 것은 부모의 삶에 시련을 준다. 하지만 그 시련 안에 부모 각자에게 주는 답이 있다. '왜 내게 이런 자녀가 왔나?'라는 질문을 내려놓고 'ADHD 자녀와 행복하기' 위한 태도가 무엇일까를 고민해야 한다.

모든 사람의 행복과 불행은 그 사람의 마음 안에 있다. ADHD 자녀와 산다는 게 힘들다고 부모의 행복을 빼앗길 순 없다. 힘들어도 행복할 수 있다. 샤르트르는 "사람의 B(Birth)와 D(Death) 사이의 C(Choice)로 이루어진 것이 인생이다."라고 말했다. 어떤 삶을 선택하느냐는 부모 자신이 선택하는 것이다. 그리고 부모는 행복하기를 선택하면 된다.

ADHD 자녀를 둔 부모가 행복해지기 위해 ADHD 자녀를 키우면서 힘들다고 느껴질 때마다 앞서 소개한 '마음 헤아리기 훈련'을 반복해보자. 마음도 훈련이 필요하다. 몸을 튼튼하게 하기 위해 운동을 하듯, 부모 마음의 근육을 기르기 위해 마음 훈련을 하는 것이다.

그리고 ADHD 자녀의 어떤 모습을 내 마음에 두고 살지 결정해보자. 긍정성은 밖에 있지 않고 우리 안에 있다. ADHD 자녀는 또래 친구와 비슷한, 아니 그보다도 뛰어난 강점들을 지닌 경우가 많다. ADHD 자녀의 양상을 창조적 능력이라는 장점으로 바라봐주자. 부모가 무엇을 보고 믿어주느냐에 따라 자녀의 자라나는 모습도 달라질 것이다.

ADHD 자녀와 관련되어 부모가 하지 말아야 할 것은,
아이의 행동 문제로 남들 시선 때문에 상처받지 말고
아이가 행동을 일부러 했다고 여기지 말고,
아이의 학습 능력을 과소평가하지 말고,

아이를 공부시키는 걸 포기하지 말며,

아이의 관계 욕구를 무시하지 말며,

아이가 스스로 학업이나 관계 맺는 법 등을 터득할 거라 내버려두지 말고 아이의 감성과 창의성을 무시하지 않는 것이다.

ADHD 자녀와 관련되어 부모가 해야 할 것은,

아이에게 칭찬과 인정을 충분히 해주고,

아이에게 명확한 규칙을 설명하며,

아이에게 활동 에너지를 발산할 수 있도록 격려하며,

아이가 지루하지 않게 재미있는 활동들을 제공하고,

아이의 주의력이나 집행능력을 향상시키는 훈련을 하고,

아이에게 그들의 잠재력을 믿고 있다고 알리는 것이다.

모두가 깜깜한 어둠을 말할 때 밤하늘의 별빛을 보는 마음으로, 부모만큼은 ADHD 자녀를 믿어주고, 자녀가 지닌 창의성을 잘 발휘하며 장점을 잃지 않고 살아가도록 도와야 한다. "빛을 주기 위해 타는 것을 견뎌내야 한다."는 말처럼 ADHD 자녀의 삶에 빛을 주기 위해 부모로서 타는 희생을 감수해야 하는 것이다. 거저 얻어지는 것은 없다. 심은 대로 거둔다. 그리고 어쩌면 삶은 이렇게 견디며 사는 법이다.

그리고 한 가지 더 당부할 말이 있다. 그 무엇도 당신의 잘못이 아니다. ADHD 자녀도 당신의 행복을 앗아갈 순 없다. 부모 개인적 삶의 행복을 찾았으면 한다.

자녀와 분리된 시간을 가져보자.

자신을 위한 사치스러운 시간을 만들어 보자.

자조 모임을 적극 권장한다. 인터넷이나 오프라인에서 같은 고민을 가진 부모들과 소통하며 위로를 얻을 수 있다.

좋은 부부관계는 ADHD 자녀를 키우는 데 가장 큰 에너지 원천이다. 내 옆에 있는 배우자의 손을 잡는 걸 잊지 말자.

당신은 ADHD 자녀의 부모다. ADHD 자녀와 함께여도 충분히 행복할 수 있다. 잊지 말자. 부모가 그런 행복한 감정을 느낄 때 ADHD 자녀도 행복해진다. ADHD 자녀의 부모로서 지금까지 잘 견뎌온 당신을 응원한다. 앞으로 걸어갈 길을 축복한다. 그 길이 아무리 가도 지치지 않는 꽃길, 감사라는 꽃길이 되어 ADHD 자녀와 행복하기를 바란다.